亲密关系

让你遇见幸福，温暖前行

亲密关系里一半是爱，一半是恨
理解恋爱与婚姻的本质

冯磊　张曼迪　杜海颖◎著

新华出版社

图书在版编目（CIP）数据

亲密关系：让你遇见幸福，温暖前行 / 冯磊，张曼迪，杜海颖著. -- 北京：新华出版社，2023.8
ISBN 978-7-5166-6887-0

Ⅰ.①亲… Ⅱ.①冯… ②张… ③杜… Ⅲ.①婚姻—通俗读物 Ⅳ.① C913.13-49

中国国家版本馆 CIP 数据核字 (2023) 第 124293 号

亲密关系：让你遇见幸福，温暖前行

作　　者：	冯　磊　张曼迪　杜海颖		
责任编辑：丁　勇		封面设计：李尘工作室	

出版发行：新华出版社
地　　址：北京石景山区京原路 8 号　　邮　　编：100040
网　　址：http://www.xinhuapub.com
经　　销：新华书店、新华出版社天猫旗舰店、京东旗舰店及各大网店
购书热线：010-63077122　　中国新闻书店购书热线：010-63072012
照　　排：博文设计制作室
印　　刷：永清县晔盛亚胶印有限公司

成品尺寸：145 mm×210mm	开　本：32 开
印　张：7	字　数：150 千字
版　次：2023 年 8 月第一版	印　次：2023 年 8 月第一次印刷

书　　号：ISBN 978-7-5166-6887-0
定　　价：45.00 元

版权专有，侵权必究。如有质量问题，请联系调换：13683640646

序 言

　　人从生到死，似乎都脱离不开与人的相处。而在所有关系中，两性之间的关系相处可以用"三妙"来形容：微妙、奇妙、美妙。微妙是说这种关系很复杂，属于仁者见仁的一种关系；奇妙，是这种关系的建立，很多时候超越国界、年龄，甚至职业和种族，只要两个人的缘分到了，就能彼此擦出爱的火花；美妙就很好理解了，相爱是一件无与伦比的美好事情，不然不会有人穷其一生去追求。基于这些，才有那么多人来讴歌和赞美爱情，也有数不清的人想要参透婚姻和爱情。

　　著名的个体心理学家创始人阿德勒说："爱情和婚姻是社会赋予人类的任务，包括繁衍、稳定性伴侣关系等，综合考虑一夫一妻是对彼此对社会都更为有利的形式。"如今爱情和婚姻出现的许多问题在于很多人都认识不到婚姻是一种上天赋予的生活的任务，而只是在想，自己能从婚姻中得到什么。

　　于是，本应该带来美妙体验、快乐享受以及甜蜜回味的亲密关系，却往往带来的是失望、痛苦，甚至怨恨。为什么会这样呢？

有什么灵丹妙药吗？答案是既有又没有。说有，是因为培养一份亲密关系并不难，没有什么高深的学问在里面，人人都可以做到，只要用心去经营；而没有，则是因为这种亲密关系不是靠一个人努力就能实现的。每个人都是一个独特的个体，都有其独特的问题，具体问题需要具体分析。而每一个人都带着各自成长起来的原生背景和培养出来的价值观，注定会与另一个不同家庭成长环境中的人产生各种各样的碰撞和融合。如果碰撞小于融合，则婚姻这辆车就能行驶得平稳和谐，反之，则会驶入痛苦的深渊。

在我日常心理咨询的工作中，有不少是因为恋爱、情感等原因来咨询，也有因为婚姻关系来咨询，也有因为和自己的父母的亲密关系来咨询，做心理咨询师这个职业最大的收获就是能看到世间的百态，看到人与人之间那种说不清的、错综复杂的感情纠葛。当你看到那么多因为亲密关系而内心疼痛着的人生，你有时会庆幸自己找到这个能与他人分享人生苦痛，也能与他人一起走向与自己和解、与伴侣和解、与父母和解的生命旅程。

在这趟生命旅程中，我在帮助别人的同时也是在帮助自己，学会了爱与被爱。我认为，爱不是人与生俱来的，爱也需要学习。亲密关系也不是浑然天成的，而是需要修行。

修行的定义是指具有自我意识的客观存在为了实现自主进化这一目的而主动对自身施加的一系列约束的总称。在婚姻中两个原本独立的个体要想实现自我进化，就要对自己有一系列的约束，比如要收起单身时的任性、坏脾气甚至是一些坏习惯。不要因为你自身的一些不好的习惯而影响到你与周围人的关系，因为

序　言

看似非常亲密的关系所带来的痛苦，比任何其他关系所带来的痛苦更多、更频繁，也更痛。看看那些痛苦，小到争吵中被对方恶语相激带来的委屈伤心，大到心有他属婚姻破碎。当然，也有不少幸福婚姻能家庭和睦，幸福百年的。其实，我们发现幸福婚姻从来就不是一个完美无缺的结合，他们也会在彼此爱好、脾气、家庭观念等诸多方面存在差异。为什么这些婚姻会运转得顺畅呢？是这些夫妻更沉稳、更聪明，还是他们仅仅比其他人更幸运？他们又有什么可以教给其他夫妻的呢？

当我分析了足够多幸福的夫妻经营自己美好爱情的时候，我发现，幸福的婚姻中双方都是抱着一种态度来生活：把亲密关系当成是一种修行，带着虔诚的心灵去对待。

婚姻是两个大脑、身体、性别、灵魂、精神、希望、梦想、需要以及不同个性的结合。只有当婚姻中的彼此带着敬畏之心欣赏这种区别的时候，他们各自才能最大限度地享受生命、真心去爱。

维持幸福婚姻源于日常生活的点滴之中，一句温柔的情话、一杯淡淡的热茶、一个会心的微笑、一次争执的让步、一个冷战后的拥抱……都会大大提升婚姻的弹性和质量，使爱情之花长开不败。

确实如此，获得幸福婚姻最有效的方法就是两个人都提高自己、修炼自己、完善自己，只有这样相处起来才会轻松，也只有这样，婚姻才会在提高自己的同时也带动另一个人提高。

所以说，最难的修行，不是在深山独处，与人世隔绝；不是

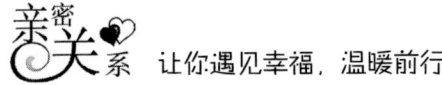

在禅坐中,领悟人生的奥秘。最难的修行,是两性的亲密关系。想在关系里和谐相处,就必须打开自己的心,同时看见对方的心,满足自己的心,同时满足别人的心!

通过这么多年做心理咨询的积累,我想写一写对于两性情感、爱情婚姻的感悟和理解,如果能给处在恋爱中、婚姻中,甚至婚姻里亮起红灯的爱情眷侣们带去微小的帮助,也是我的心愿。

当然,两性关系是深奥的学问,不是靠文字阐述完整。况且,一个人不可能穷尽或深谙复杂的人性。我抛砖引玉,希望每个人能重视两性,在爱与被爱的过程中少走弯路。希望智者看到智,仁者看到仁。欢迎在两性课题上有研究的专家学者同行们一起探讨学习。

书中分享的是我这么多年的实践和思考,感恩那些支持我在这条路上不断探索的良师益友,以及所有有共鸣的读者;特别感谢著名学者、心理学家黄仁杰老师对本书提供的案例和理论支持,让本书更完美地呈现在读者面前。愿将此书分享给热爱生命和有梦想的朋友,让我们把亲密关系作为一门必修课,从生存、生活,到回归生命本源,以和谐的关系代替对立分裂的关系,让所有人都能活出幸福喜乐与丰盛圆满。

冯磊 张曼迪 杜海颖

第一章 亲密关系，是等不来的

你需要认清爱情...................................003

走进围城，你做好准备了吗.......................008

选伴侣，要选门户和他的亲友团...................014

婚姻是一场两个人的修行.........................019

经营婚姻需要准备和学习.........................024

第二章 每一种爱，都是陪伴

自己长不大，另一半也长不大.....................033

婚姻匹配度，取决于价值观近似度.................037

真正的般配是磁场不是战场.......................043

先自强，再吸引，后经营 047

夫妻双方在婚姻中的价值 051

不要用放大镜看对方 056

摆脱让自己痛苦的爱情模式 061

结婚意图决定婚后相处模式？ 066

避免婚姻雷区，找回相处真谛 069

第三章 构筑亲密关系，拥有爱的能力

婚姻和事业相辅相成 077

婚姻要有合伙精神 082

生活中不能将伴侣理想化 086

夫妻之间，不需要权威 090

夫妻二人要各司其职 095

从"武林争霸"看夫妻相处 100

从"唇枪舌剑"找吵架真相 106

自律才是婚姻护身符 110

婚姻中不委曲求全才是勇气 115

第四章　家是港湾，更是一件艺术品

活出来的婚姻誓言………………………… 123

彼此学会如何去爱………………………… 126

男人的成熟决定婚姻长度………………… 129

女人的智慧决定婚姻深度………………… 134

不忘初心，方得始终……………………… 137

同船渡，要感情，更要感恩……………… 142

爱的修行，自度度人……………………… 148

第五章　亲密关系，通往幸福的桥梁

亲密关系决定孩子的成长………………… 159

给孩子树立良好的榜样…………………… 163

家教家风的接力和传承…………………… 168

夫妻是承上启下联结的纽带……………… 172

把生活过幸福是一种义务………………… 176

第六章　亲密是不委屈自己，不改变对方

婚姻中的互补关系 183

不解风情碰上追求浪漫 184

过度纵容与无理取闹 186

温柔的暴力也很冷 188

可怕的强迫性重复 190

疗愈内心的受伤小孩 191

婚姻危险期 193

该放手时就要果断放手 195

拔掉"家暴"这根毒刺 197

在爱情中扮演什么角色 199

"妈宝男"该如何破 201

爱是衡量心与心之间的距离 203

大男子主义 VS 公主病 205

让孩子听你的，还是你听孩子的？ 208

家长必须具备的成长思维 212

第一章　亲密关系，是等不来的

你需要认清爱情

如果说，一千个人眼中有一千个哈姆雷特，一千个人能读解出一千种《红楼梦》，那么，对于爱情同理。关于什么是爱情，有很多种解答。有人说，爱情就是两个人互相征服，唯有征服才能保持长久的爱情；也有人说，爱情就是甜蜜的忧伤，甜到极致，也伤到极致才足以谈爱；还有人说，爱情很可能只是人类进化的一种产物，其社会学意义不过是为了保证人类的繁衍生息，真正人与人间没什么所谓爱，只有彼此需要甚至利用。不同的角度不同的理解，所以，一千个人对爱情也有一千种解释。

之所以爱情的解释因人而异，无非是对于"爱情"人们很难给予确切的定义。一切似乎都可以解释，一切又似乎无法解释，我们无从统计因爱迷茫了从古至今多少人，但有一点是肯定的，那就是爱的力量是谁都无法抗拒的，上到君主帝王，下到市井平民，就算是坏至极点的恶徒，竟也会为心爱的女人立地成佛；当然也不乏因爱生恨，离经叛道之事。总之，爱情是一切人和故事所必要的，正是因为有了爱，男人才更有风度，女人也更有韵味；正是因为有了爱，英雄才不那么孤独，骑士才会那么浪漫；也正是因为有了爱，才有了冲冠一怒的吴三桂，才有了为美女而战的特洛伊之战……

 让你遇见幸福，温暖前行

爱情之所以复杂，在于一旦揪扯于爱中，就会间接生了恨，不是有句：爱之深才责之切，爱得越深恨得越深嘛。这也就是为什么说，爱情，有错爱、有假爱，也有真爱。或许，外人明明看到的是假爱或错爱，而当事人却认为是真爱。反之，外人看到的是真爱，而当事人却深深觉得错爱。

错误的爱导致了不幸。错爱是不幸的，那么，是什么导致这种错误的相处模式呢？我想一定是在恋爱之初就没有找到真爱，或者说只是浅层次的爱，而不是用心去爱。关于假爱，我们来看一个案例：

M小姐找了一个男朋友，每天都会给她打电话，长话短话情话说一箩筐，会给她买零食，会陪她没完没了地逛街，会时不时想牵她的手，一天不见就会绷不住说想她。但同时，M小姐又感觉到男朋友不太关心她。从来没问过她做什么工作，也从来不过问她的家庭和父母，跟他聊起工作和未来结婚的事情，他总是心不在焉，提不出什么建设性的意见。尤其问到将来会不会结婚的时候，男朋友竟然说这件事他还没有想好，先处处再说，还没有把她列入结婚的对象。M小姐被男朋友这种态度伤了自尊，她果断提出了分手。

在这个案例中，M小姐是有自知之明的，她感觉不到男友的真爱，而是觉得他纯粹是为了处对象才与她亲近，并没有对她有更深一层次的渴望。其实，有很多感情就是这样：可以卿卿我我儿

女情长，但要谈婚论嫁就要考虑考虑。这不是真爱，而是假爱。

真爱应该是身心一致的，应该在身体的需要之外，还有精神上的需要——因为仰慕一个人的才华和人格，因为与彼此的价值观高度契合，因为跟她相处时精神舒展愉悦等等。所以，特别渴望能和对方在一起，也特别在乎彼此的感受，特别尊重她的意愿，特别想让她幸福。

就像马克思主义的爱情观说的那样：爱情是一对男女基于一定的客观物质基础和共同的生活理想，在各自内心形成对对方的最真挚的倾心爱慕，并且渴望对方成为自己终身伴侣的一种最强烈、最稳定、最专一的感情。

当然，现实的爱情里会掺杂各种因素，极少能抵达十分理想的状态，我们要追求的应该是一定程度上的真爱——不必百分百，但真爱的成分必须有。

我身边有一个关于真爱的故事：

我认识一个阿婆，她等一个人等了将近一辈子。50年前，阿婆才20出头，那时认识她的人都喊她小希。

当时，小希的父亲在海上工作。一天，她带着做好的汤送给父亲，却在半路遇到了一个年轻的画家。画家架着一个画架，看着海滩，不停地涂涂抹抹。

小希停下了脚步，忍不住多看了几眼，谁知这个时候，画家脚一软，直接晕倒在地。原来在烈日之下专注画画太久，画家身体吃不消晕倒了。

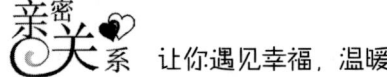

小希把他扶起来，喂他喝自己带给父亲的鱼汤。过了一会儿，画家终于缓过来，他说，这是他喝过最好喝的鱼汤。为了表达感谢，画家表示要给小希画一幅画像。

于是，接下来的几天，画家每天都会带着画架和画笔，小希每天都会借着给父亲送鱼汤，相约在海边。

也许是出于一种默契，这幅画的进度异常缓慢。两人更多的时间都拿来聊天，画家给小希讲他四处游历的见闻，小希给画家讲她从小到大的糗事。两人每天分手前，都会相约第二天再接着在这见面，继续画画。但有一天，画家说："明天不用在这儿见了，这幅画完成了。"

小希难掩失望。画家接着说："明天这幅画我会带去你家，作为向你提亲的礼物。"

小希一听，含羞点头，整整一夜未眠，期待着第二天他能来。

第二天，小希在约定的海滩边等了他一天。

画家没来。

小希想，一定是因为有事耽搁了，所以没来。一定是他想把画裱起来，去做画框，所以没来。一定是……小希设想了种种，她认为他明天一定会来。

所以之后的每一个明天，她都拿着个小凳子，提着鱼汤，继续等他。

没想到一转眼，50年过去了，小希变成了阿婆。

有人问她，你这么等下去，将近一辈子，不无聊吗？小

第一章　亲密关系，是等不来的

希说，心里想着他就不无聊。

其实，当时在小希周围的人都以为小希魔怔了，都把她的这份"痴情"当成了精神有问题，而人们一致认为，那个他是个江湖骗子。

小希阿婆依然一年又一年等下去，直到头发花白。直到有一天，一个精神矍铄的老先生来到小希生活的地方，向人们打听50年前这里的那位姑娘。直到那一刻，人们才真正相信，小希口中念念不忘一直等了大半辈子的"未婚夫"，原来确有其人。而小希从一个亭亭玉立的妙龄少女一直等成了伛偻着腰身的老太太，她这一生等来的是否值得呢？原来，从那天一别，老先生家里出了事情，不得已跟随父母去了国外，而那位老先生也是这么想着国内的小希一直没有成家。他和她，跨越了半个世纪，走过了世态炎凉，最终却获得了感天动地的真爱。

爱情就像当兵入伍，每个参军的人都不停地抱怨其中苦累，却总有人争先恐后地申请入伍。

我们活在这个世界上，都期待能遇上一个亲爱的人，建立一段亲密的关系，与这个亲爱的人在一起，享受着对方带给的温暖。与他/她在一起时，我们是踏实的、安全的，可以真切地体会到"爱"到底是怎样一种感觉。然而，爱情不容易把握。两人在一起的时候，总是充满各种小摩擦、小误会，让双方都抓狂不已，一旦没有妥善解决，由此引发的冷战或争吵，往往会消磨掉

彼此间的爱意。爱总是让人做出愚蠢、危险的事,但也让人行为勇敢,仁慈慷慨。但究竟什么才是爱情?如何认清爱情呢?

我认为,爱就是拥有对方的心,具体有亲密、有一种生活一辈子,并对这种关系的长久持有信心,也能够与对方分享私生活。爱情让人们找到生活的温暖;爱情是人与人之间的桥梁;爱情让人们明白生活的真谛。不管是结了婚的爱情,还是没有结婚的爱情,神圣性都来自爱情信仰的产生。

爱情是一种与人的成熟程度相关,需要投入身心的感情。如果没有爱他人的能力,如果不能真正勇敢地、真诚地爱他人,那么人们在自己的爱情生活中也永远得不到满足。如果说爱情是一门艺术,那就要求掌握这门艺术的人必须全心全意地学习和实践它。在某种意义上,具备爱的素质、爱的力量、爱的艺术,才是真正的爱。具备了这样能力的人,才能避免假爱,纠正错爱,还自己和对方一个和谐美好的爱情体验。

走进围城,你做好准备了吗

世人多把婚姻看成爱情的坟墓,似乎进了这座围城,再也没有浪漫的剧情,有的只是责任和义务。但也有另一种观点认为,任何不以结婚为目的的恋爱都是耍流氓。两种观点折射出两种对待婚姻的态度。城外的人望眼欲穿想进城,城里的人看尽世事想

第一章 亲密关系，是等不来的

要出城。一直以来，我们都不明白为什么会有这样两种截然不同的说法，从恋爱到结婚，不正如开花结果、瓜熟蒂落，再正常不过的事吗？千帆过尽，岁月沉淀，我渐渐明白，这看似最平常的事，却是最难把握的事。能下定决心进城的，都是充满爱的斗士；能安心在城里相濡以沫的，都是懂爱的真心人。

如果一个人没有准备好要进入婚姻，他当然迟迟走不进婚姻。就好像你不想读大学，你也走不进大学的门一样。因为进入大学是有"门槛"的，除了你有想进入大学的意愿之外，你还要有与之匹配的行动，至少你每天得认真学习，达到了上大学的分数，才有入学的资格。

婚姻也是这样，虽然它没有一个显而易见的分数线，但是，上帝这位考官，他为你预备好了婚姻这所大学，除了你的意愿之外，同时还要具备其他各种客观条件，但最重要的是：你要有比较成熟的心智，就是愿意爱另一个人的心智。否则，进入婚姻不久后，会感觉对方仿佛不适合自己，就会想挣脱婚姻的枷锁，这就是为什么离婚率高的原因之一。

很多在结婚不久后就离婚的人，就是因为心智不成熟，进入婚姻后无所适从，感觉对方没有按照自己的套路出牌，问题堆积无法解决，导致需要快刀斩乱麻，急于结束这段令人烦恼的婚姻。上帝不会把你承担不起的重担给你背负，就像你如果没有100万元的存款，就一定不会有银行借给你100万元一样的道理。如果有，那一定是开玩笑，很多人就是拿婚姻当过家家，不好玩就不玩了。

婚姻中不外乎两种结果：进入围城没过几年就分道扬镳，从曾经的水乳交融变成路人甲和路人乙；另一种却能从青丝熬到白发，执手相看老眼昏花，细数对方脸上的老年斑，用颤抖却幸福的声音告诉糟老头子或糟老太婆，下一辈子我一定还选你。

也许有人说了，还有介于这两种的中间一种，为了儿女过一辈子，貌合神离。其实这一种也能归为第一种，只是住在一个屋檐下的陌生人而已。庆幸他们没有因为互相忍不下去而谋杀对方。

之所以能出现这种两极分化，在于婚姻经营的不同结果，来自不同的两性智慧。有句话说得好，婚前睁大眼，婚后闭只眼。一语道出经营婚姻的真谛。

很多时候，男女在择偶之前并没有什么具体的规划或者目标，女人认为男人有钱帅气成了首要标准，男人则更多地注重了女人外在相貌。

有人说过，找伴侣往往是找一个半夜能叫醒一起说话的人。这句话蕴含着一个本质的道理，荷尔蒙算个什么，关键还是聊得来聊不来；帅不帅，漂亮不漂亮算个什么？最后发现，和时间打仗，美丑的问题不是问题，荷尔蒙的问题不是问题，性的问题也不是问题，最后落实下来，还是能不能有话可说的问题。做人如读书，恋爱也如读书，杂志的读法看目录就够了，杂志封面再花哨，一目了然，读不了多久，畅销书呢，能多读一会儿，如果长相足够好，直接算是收藏级别的书了。但是，大多数能耐读的，还是那些经典的书。虽然单调，但是它们禁得起读啊。如果说一辈子本质上像是活在牢笼中，我想没有人会带着一本杂志进去，

第一章　亲密关系，是等不来的

而是带着一本耐读的书进去。在我看来，如果年轻的男女在走进婚姻殿堂时，能时刻把这样的心态和观念谨记于心，我想一定会少走很多弯路。

有一个姑娘，还没过完蜜月期，便开始向家人和朋友抱怨对老公的各种不满，大有找错了人的悔恨，家人也跟着她愁眉苦脸，没办法，老公是她自己选的。她的朋友问她："那你当时怎么看上他的呢？"

姑娘叹了口气："年纪太轻瞎了眼呗，脑子里进了水，身边天天都是那些趁年轻赶紧嫁，否则越找越差的论调。心一慌，稀里糊涂就嫁了。但结婚之前他不是这样的。"

姑娘说结婚之前男朋友挺好的啊，谈了一年多恋爱，就和很多情侣一样，每天都过得很开心。她还给朋友举了很多例子，生日的时候，他会买很多蜡烛围成一个心形，搞得非常浪漫，七夕的时候带她去放孔明灯，遇到情人节什么的，还会带她去海边放烟花。为了制造浪漫，背着她足足走了5公里。他累得气喘吁吁还说幸福得不得了。相处一年很少有矛盾，加上他家里条件不错，结婚是水到渠成的事。可是，结了婚才发现不是那么回事。他习惯不好，总是不洗脏袜子。睡觉还爱打呼噜。吃饭没有辣椒就吃不下去，全然不顾我的感受。老公做的饭还难吃无比，平时还爱打游戏。他妈妈来了家里，还帮他洗内衣，他还在跟他妈妈撒娇……姑娘列举了男朋友的种种劣迹。所以，两人婚后的矛盾越来越多。

 让你遇见幸福，温暖前行

朋友说，你们相处一年两人就是一起玩耍，很少谈及人生观，自然不会有观念上的冲突，没有住在一起，也不会有生活习惯上的差异，又不需要解决具体事务，自然看着样样都好。结婚后，很多事情需要面对，矛盾和冲突本就不可避免，再加上缺乏相应的心理准备，能安然度过才怪呢！

姑娘无奈地说："我发现就是我当时没好好选，我要是有孙悟空的火眼金睛就好了，一眼看他是个白骨精，只是装得很像好人。"

朋友打击她也奉劝她："可别这么说，婚前睁大眼睛是对的，但婚后就不要看得太清楚了。你说别人是妖精，人家还认为你是变色龙呢。婚前可爱小女生变成了婚后的碎嘴婆、刁蛮公主，他不变才怪。"

姑娘默默低头不语。

很多对婚姻不满的姑娘说得最多的一句话就是：他结婚之前不是这样的，结婚后就变了一个人。意思是不是自己不会看人，是对方太过虚伪，才把自己骗了。

其实他变了吗？没有，他一直就是他自己，结婚前如此，结婚后也是如此，所谓的变化只不过是婚前忽略的那一部分，并且这一部分与原先的预期不同而已。

数千年以来，伴侣的选择和爱的萌生吸引了诗人、艺术家、作家和研究者的巨大兴趣。所谓"择偶""配对""相亲"等名词都指向了这一主题。伴侣的选择是一段亲密关系的开端。

第一章　亲密关系，是等不来的

一个姑娘，在自己想要什么都还没搞清楚时，更别提鉴别男人了，糊里糊涂地进入了婚姻，结局大多不太乐观。再加上婚后出现没有达到自己的预期、开始挑剔的时候，就会产生矛盾。

还有，男女在处朋友时，自己眼睛不够亮，请别结婚，因为结婚要具备很多能力。要知道除了爱这个人，你们的人生观是否相似。如果你喜欢锦衣玉食的富贵生活，而他只想过平凡普通的日子，你们的矛盾就注定不可调和，勉强在一起，只能成为怨偶。

如果你们的价值观不一样，一样很致命。你认为爱一个人就是一生一世，而他却认为男人花心是天经地义的，你认为绝对不能做可耻的事，他却觉得稀松平常，你们无法认同对方，势必越走越远。

消费观不同，会让你们的生活充满矛盾。你买了一件昂贵的衣服希望得到他的赞美，他却因为你败家而勃然大怒。你们相互看不惯，直到分道扬镳。

选择伴侣是人生中非常重要的一件大事，一旦选错，代价会非常大。只有当自己的心智足以使自己做出正确的选择、客观的判断，才能找对与自己共度一生的那个人。

另一个姑娘则不同，她在结婚之前择偶标准就是要找一个门当户对和自己有相同价值观和爱好的男人。结了婚后，也出现了不适合，两个人合不来。也有前一个案例中出现的，男人不爱洗脏袜子，而且还爱把脏袜子藏起来。她发现老公的这一爱好，起初也非常不能忍受。说了两次不管用，她开始改变了方法。找出来帮着他洗干净,一次两次,次数多了,男人总是在找袜子的时候能看到干干净净叠得整整齐齐的袜子,自己也觉得藏脏袜子的行为不好,慢慢就改了。老公爱打游戏,她最初选择了不理会。时间一长也忍受不了,并没有选择指责和抱怨,而是主动提出要跟老公一起打游戏。结果玩得比老公还嗨,竟然在游戏里找到了共同语言。

所以,一个人在准备结婚的时候,关键不是哪一天办婚礼,穿什么婚纱,准备多么豪华的酒席,而是要找到哪个跟自己能匹配价值观,并能找到一些科学合理的方法来管理、检测和保持这些对于婚姻至关重要的因素。如果这些事情不准备好,怎么可以随便就结婚呢?

选伴侣,要选门户和他的亲友团

很多人婚后出现种种问题,总喜欢归咎于结了婚以后感情出现裂缝,却很少考虑结婚以前是否留下了隐患,而大多婚后的问题和婚前的选择是密切相关的。

在德国,年轻人在决定结婚之前,往往有过很多次的恋爱经历,每一段经历都可以让他们知道更多,什么样的人是不适合自己的。

所以,一旦决定结婚,他们的婚姻可以非常稳定,可以保持

第一章　亲密关系，是等不来的

几十年的活力。所以，婚前是一个耐心筛选和等待的过程，而一旦进入婚姻，就需要责任和承诺。所以，当你没有做好准备的时候，多留给自己一些时间去适应。

我一直强调，恋爱可以昏头，结婚一定不能盲目，而这个不盲目的前提就是要让"选择"走在前面。不但要好好选择这个人，更主要的还要选择他背后的亲友团。因为，在我看来一个人成长的原生家庭对一个人的影响很大。原生父母的相处模式和婚姻观念会大部分复制在儿女身上。而选择不对，就会对未来的婚姻家庭埋下隐患。我在课上一直跟学员们强调：

女人选择了浪子，就要去面对他的花天酒地和他对女生的左右逢源。

女人选择了老实巴交的人，就要去接纳他的不浪漫和偶尔表现出的无趣、木讷。

男人过分注重女人的外表，就要接纳她将来的不停折腾和在自我美化方面的消费。

男人选择独立的女人，就要忍受她将来不太顾家，无法满足你想让她当全职太太的心愿。

也许有人会说，我们是真心相爱的，其他一切都不重要，什么家世背景，什么钱财房车等等，这些都是身外之物。我对这样的宣言表示尊重和赞赏的同时，也不免有些担忧。男女之间，当然问心而嫁，嫁给爱情是最高境界，但也要考虑彼此的家世背景，因为，未来一定会一起承担各自家庭带来的种种影响。

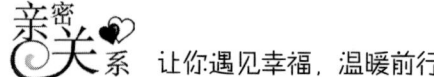 让你遇见幸福，温暖前行

小唯是朋友圈公认的美女，姐妹们都一个个脱离单身走进围城的时候，只有小唯还在精挑细选。朋友们打趣她，挑花眼的时候也就是自己剩下的时候。小唯笑而不语。因为小唯自己有主见。她的初衷就是要选一个可以用来结婚并厮守终生的伴侣。所以，小唯并没有过分在意对方是不是高富帅，是不是企业高管，是不是家里有别墅，出入有豪车。而是从一开始就抱定，选择一个男友一定要好好了解他的家世背景。这个家世就是男友的父母亲感情如何。靠着这样的信念，小唯找到了如意郎君。在跟男友去他们家的时候，男友父母营造出的家庭氛围非常舒服，男友的母亲脸上总挂着笑，他的父亲是那种话不多，但每说一句就很有趣，能把大家逗乐的人。男友跟小唯说，从小父母很少吵架，父亲是那种把家看得高于一切的男人，家里母亲地位是第一，父亲是第二，他是小三儿。明明是吃醋的说法，在小唯听来男友是在炫富，这种富就是他的家庭环境。父母给他们的儿子内心种植的是美好和谐的种子，没有纷争，没有算计，没有抱怨和争吵。父亲给儿子留下的是担当和乐观以及幽默。正是基于这样的家庭背景，小唯放心地嫁给了这样的家庭。婚后，小唯并没有像她姐妹们说的那样，男友会原形毕露。变成老公的男友不但没有表现出任何让小唯受不了的坏毛病、臭习惯，而且他还跟小唯说，以前我爱你是因为我们在谈恋爱，以后我会加倍爱你，因为你是我们家的一分子，是我要像父亲呵护母亲那样，呵护一辈子的人。

第一章　亲密关系，是等不来的

男女相互爱慕之初可能彼此眼中只有一个他（她），没有去考虑站在他（她）身后的亲友团。爱情跟亲友团也许没多大关系，一旦上升到了婚姻和走进家庭的时候，他（她）的家庭背景的作用就会体现出来。

一个人很多生活习惯和"三观"，一定是在原生态父母家庭从小熏陶出来的。我不信一个无责任感，到处搞女人的男人能培养出一个正直负责任的儿子；我不信一个充满暴戾的家庭能培养出一个性情温婉的女儿。

我们应该明白，想要嫁或娶一个人，其实就是嫁或娶了一个家族，一个大家庭，所以你必须和每一个人处理好关系，不然就会影响你的生活，影响你的婚姻。因为一个家族不是几个人，往往是一群人，而这些人是和你没有任何血缘关系的人，但这些人往往都会和你扯上关系，在生活上的亲密接触或存在有辈分关系，往往会产生摩擦和矛盾，甚至斗争。

结婚不像恋爱，谈恋爱谈崩了，大不了分道扬镳从此老死不相往来。婚姻却是两个人自愿把生命轨迹重叠，把两个家庭甚至家族的陌生轨迹相联结，从这个角度来看，婚姻确实是现实理性的，你无法只陶醉于花前月下，更要面对柴米油盐和真正的家庭琐事。所以，在走进婚姻之初，除了用心去爱之外，更要在意一下对方身后的亲友团，处理好就是你们婚姻的强大后援，处理不好则会成为你们婚姻的拦路虎。

除了亲友团，门当户对也是一个绕不开的核心。如果结婚的

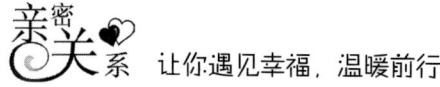 让你遇见幸福，温暖前行

两个人在家庭背景、教育背景等方面差距悬殊，又会怎样呢？真爱敌得过世俗吗？我们看到很多嫁入豪门的女星，很多最后沦为弃妇。爱情也许是两个人的事情，一旦结合，其实就代表了两个家庭的融合。

小悦嫁了一个高富帅，不但有车有房，父母均是事业单位正式职工。而她自己，父母都是下岗职工，靠着摆小摊儿维持生计。当初她的朋友都羡慕她交了好运，灰姑娘找到了白马王子，从此就会过上幸福快乐的富足生活。结果，婚后两年，小悦患了抑郁症。原来，丈夫工作好、人帅，工资待遇高，公婆也拿着退休高薪。家里只有她是个临时工，干着朝不保夕随时看老板脸色，时刻担心会被炒鱿鱼的日子，收入也不高。丈夫开始还好，日子一久就发现有了差距，开始嫌弃她的工作，也会有意无意说她的家庭太穷，偶尔回趟娘家，婆婆总是怀疑她拿了钱接济娘家，而且自己在家一点儿地位没有，干很多家务不说，娘家人来从来得不到尊重，小悦的父亲来看女儿，女婿借故工作忙，连回来看一眼老丈人都不肯。

可见门当户对是多么重要的一件事。假如小悦找到的是跟自己家世背景一样的丈夫，可能这种低人一等的感觉就不会再有，丈夫也不会拿出自己的优越感瞧不起别人。所以，选择结婚之前，门当户对还是有一定的道理。

第一章　亲密关系，是等不来的

首先，门当户对的两个人，家庭条件相当，婚后比较能够接受对方的家庭，很快融入对方的家庭生活。其次，门当户对彼此的家庭地位也相对平等。童话故事里的灰姑娘本来也是一个公主，而且还有仙女送来的水晶鞋，如果她天生只是灰堆里灶台前蓬头垢面的普通姑娘，怎么可能赢得王子的青睐？最后，门当户对也比较符合大众的"审美"。谁家孩子找个跟自己差不多家庭背景的，大家都很认同。攀了高枝的，他们表面上祝福，其实内心是羡慕嫉妒恨，等你的婚姻有了变故，不知有多少人幸灾乐祸，冷嘲热讽。

所以，选伴侣，要选门户，选他（她）背后的家庭，这才是理性的婚姻态度。

婚姻是一场两个人的修行

爱情的水到渠成就是要给爱一个"归宿"，这个归宿就是婚姻。太多的人享受恋爱的过程，却不愿意步入婚姻的殿堂。不是因为这个殿堂不够美，而是因为我们都害怕，走进去了就把爱情带进了坟墓。所以，有一部分人变成了恐婚族。但也有一部分过来人，他们走过了婚姻中的磕磕绊绊，收获了爱的真谛，认为婚姻不是爱情的"坟墓"而是自我修行的"道场"。

两种观点，一种认为爱情走进婚姻就是结束，一种认为婚姻

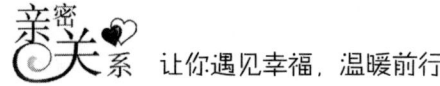

是爱情的升华。在我看来，持两种不同观点的人，前一种，并不完全相信爱情，并不相信自己有爱人爱己的能力；而后一种一定是相信爱，并且有爱己及人的能力以及经营婚姻的能力。

爱情是双方共同建立的，恋爱的双方，经过心灵的沟通，终于走到了一起，那种爱应该是经过千锤百炼的，是一颗永不生锈的螺丝钉和螺丝帽，时间长了，越是生锈越是黏合在一起难解难分了。这才是美好婚姻！

爱情，是否由于婚姻的到来结束或是升华，并不在于爱情本身，而在于每个相爱中的人。婚姻基于爱情的基础上契合，但我也倾向于缔结婚姻后，才是真正意义上恋爱的开始。

许多已走入婚姻"围城"的人都深有体会：不论夫妻之间曾经有着多么灼热、炽烈的爱情，一旦经历柴米油盐的平淡和各种生活的压力、阻碍，便失去了原有爱情中的激情与浪漫——不再说甜言蜜语；互相凝视时不会有心动的感觉；也不会像恋爱时那样不顾一切地付出了……

于是在婚姻中，人们逐渐感到厌倦、不满和迷茫，也越发地相信，婚姻就是爱情的坟墓，它会磨灭我们心中的激情，腐朽我们热烈的爱情。然而，大部分的人似乎都忽略了一件事：在婚姻关系中，若还一味执着浪漫狂热的爱，那只会获得无尽的失望和痛苦。

我们看两个案例：

小颖在与男友谈恋爱的时候，是一日不见如隔三秋，即

第一章 亲密关系，是等不来的

便是同事不看好，闺密全反对，父母不同意，她仍然顶着强大阻力和男友走到了一起，然而，结婚后，对未来婚姻生活的美好憧憬就慢慢被现实生活中的柴米油盐所取代。于是，小颖发现婚姻并没有自己想象的那么美好。结婚之前，男友不管多晚都会接自己；结了婚不到半年，他总是说自己也很累，让她自己打车下班。婚前，男朋友每个节日都想着给自己买鲜花买礼物；婚后，男友好几次都记不住一些属于两个人的重要日子。婚前，男友总夸她最懂他的心；婚后，老公却说自己开始变得不像恋爱之前那么可爱，凡事开始斤斤计较。于是，互相不再像恋爱之前共同应对父母和同事的不看好，而是开始放大对方的缺点，恋爱期间所有爱的甜蜜仿佛如同潮水一样正在逐渐快速退去，再也听不到男人的甜言蜜语，再也见不到男人的卿卿我我，再也感觉不到男人的死心塌地。在日常生活中，哪怕是鸡毛蒜皮的小事也可能引燃夫妻之间激烈争吵的导火索，日积月累的小矛盾也让小颖在同事面前感叹，真的是婚姻埋葬了爱情。要是当初听听别人的劝阻，或许不会把自己过得这么辛苦。这样的话传到了老公的耳朵里，他也很伤心，原本他们早期的同舟共济都是假象，真正变成一家人，反而妻子开始反悔。在他的内心也渐渐认同了婚姻是爱情的"坟墓"的观点。

另一案例正好相反：

让你遇见幸福,温暖前行

　　小悦和她男朋友属于没有感情基础的那种类型。经过相亲认识的,她和男朋友都属于大龄结婚的男女。在相处一段时间后,迫于双方家长和自身年龄过大的压力,走进了婚姻。大家都不太看好他们的婚姻,认为没有什么感情基础,走进婚姻一定会有更多的矛盾和麻烦。事实的确如此,由于两个人的年龄和阅历都较深,看问题各有各的观点。但小悦自己明白,这段婚姻不是儿戏,如果经营不好,分崩离析后,自己有可能真的成了剩女。于是,小悦先从自己改变,遇到观点相左的时候,小悦学着去倾听去消化,然后选个爱人能接受的方法再去探讨对错。对于一些无关紧要的小事,小悦一般选择让爱人占"上风"。正是小悦这样的改变,爱人看在眼里,也感动于心。老公也做出了调整,就这样,两个原本没什么感情基础的人,愣是在婚姻内谈起了恋爱。一起去旅游,一起DIY自己的家,甚至一起报了瑜伽班锻炼身体。生活越来越幸福。周围的朋友们都感叹,他们是先有了婚姻后恋爱,是婚姻升华了爱情。

　　两个故事给我们的启示就是,你若会经营婚姻,婚姻就是爱情的升华。反之,有可能就是人们认为的婚姻成了爱情的坟墓。
　　在婚姻中,到底什么样的爱才是最重要的呢?
　　心理学家Andrea Lauer通过量表研究了上百位结婚至少15年以上的夫妻,询问他们为什么能让婚姻持续时,他们并没有像人们以为的那样,强调爱情中的浪漫和激情(他能一直让我心动/他会为我做任何事情等）。相反，夫妻双方提到的最多的理由是："配偶是我最好的朋友。"

显然，他们的爱情是构筑在宽容、关爱和沟通的基础之上的。而这种像朋友一般的相伴之爱，相比纯粹的激情更为深刻和丰富，也更能给人带来持久的幸福感和愉悦感。

婚后，经过一段时间的柴米油盐的生活，两个人会发现彼此还有很多没有暴露的缺点和优点，这个时候，在爱的牵引和动力下，沟通和理解就显得尤为重要了，男人是强者，女人是温柔温馨的源泉。男人在外面为心爱的女人闯一片天地，女人在家里为这片天地呵护着温暖的家。这是爱的升华！

婚姻不是爱情的坟墓，婚姻是爱情的道场，全然地进入它，感受它，不断地完整自己，这个过程也许很长很痛，但破茧成蝶的喜悦一定会到来。愿我们的内在都能生出那一份智慧，拥有更多面对生活和爱情的恬淡与从容。

心理学家们都无一例外地强调了人格、心智的成熟在爱情关系中的重要性。事实上，不仅是爱情，我们所经历的任何人际关系——亲情、友情、合作，都离不开自己与自己的关系。只有我们与自己达成了和解，并深入了解自己：我是什么样的人？我想要的究竟是什么？我的价值是什么？……才能用自己的力量，填补我们内在的需求，消除内心潜藏的焦虑与恐惧。

而这样，我们也会从内在升起一种爱的能力，并像发电机一样，源源不断地向他人、向外界发送着爱的能源。这时，"我"与外界间的屏障才能在真正意义上被向外延伸，甚至彻底被消

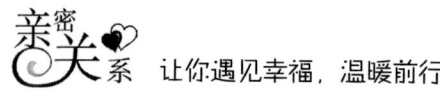

除。你会因为爱自己,而变得更有能力爱对方;也会因为爱对方,而爱其他人、爱生活、爱整个世界。

如果问问自己,要用多久学会爱一个人?可能要用一辈子。我们可能沐风栉雨才找到彼此,但相伴左右之后,就再不分开。就像钱锺书所说的"从今往后,咱们只有死别,再无生离"。所以,婚姻不是爱情的坟墓,而是爱情的延续。结了婚不是爱情的终结,恰恰是另一种开始。婚姻是一件礼物,是一个操练我们爱的能力的机会,也是锻造我们的生命,塑造我们的品格的大学,是我们完善自身的一个过程。

所以,两情相悦的男女在拥有爱情的时候,眼光和心智都要放长远,要拿出经营一辈子爱情的心态去恋爱,去爱对方,去缔结婚姻。让婚姻在责任和法律保护下变成守护爱情的堡垒,而不是埋葬爱情的坟墓。

经营婚姻需要准备和学习

我曾经问过一些热恋中的年轻人,问他们是否愿意接受婚姻教育方面的知识,他们大都会说,这有什么好学的,传宗接代过日子谁不懂,还用学习吗?

我们期待着更多高质量的婚姻,但是即将走入婚姻家庭的成员,却是对此重大事件云山雾罩,不甚了了……他们和她们,或

第一章　亲密关系，是等不来的

者是道听途说、半遮半掩地自学成才，或者是两眼一抹黑仓促上阵，或者是花拳绣腿，只知其一不知其二，更不知其三。更可怕的是，有些人自以为掌握了驭妻驭夫的婚姻秘诀，其实是以讹传讹的腐朽观念……这类婚姻的"愚民政策"，导致了很多惨淡经营、得过且过的低质量婚姻，也导致了很多婚姻悲剧的上演。由此可见，婚姻教育极为重要，需要未雨绸缪，从尚未走进婚姻的年轻人抓起，才能事半功倍。

大部分人在进入婚姻之前心理上还没有预备好。我们对婚姻中自己所要扮演的角色和对美好婚姻的期待，与真正的婚姻是有落差的。有些人是碰到了一个人，然后彼此相爱，顺其自然地进入婚姻；有些人是因为年龄到了，所以就结婚了。他们并没有预备好，更不知道如何去处理婚姻中会遇到的一些冲突。当理想与现实的反差太大的时候，失望也就变得越大。

如果把婚姻分成几个等级的话，幸福婚姻等同高质量的婚姻。在我看来，高质量的婚姻是让人舒服的婚姻，这样的婚姻一定是有爱的。比如：

老婆：你觉得幸福的婚姻应该是什么样子的？

老公：幸福的婚姻就是男人娶了像你一样的妻子，女人嫁了像我一样的丈夫。

老婆想了想，又问道：那你觉得不幸的婚姻应该是什么样子的？

老公：上面的答案反过来好了。

亲密关系 让你遇见幸福，温暖前行

这样的对话，就透露出爱的信息。婚姻如果是一个烧杯，进入的两个人其实是两种活性元素。如果没有认清自己就去寻找另一种元素，那么很有可能，你寻到的是一种好元素，但是这种好元素跟你之间没有反应，甚至生成恶的反应……爱与恨都是一种化学反应，爱越多，带来的连锁爱也越多，恨意起，带来的负面情感和能量也就越多。

有人说，爱情是有保质期的。我说，有保质期的不叫爱情，那叫激情，激情夹杂的东西太多，性欲、感动、内疚、憧憬，有太多太多的杂质，这样的情感确实难以持久。更何况，激情往往是精心呵护起来的。

有朋友问如何区分激情和爱情，其实很好区分的，当你不见她时茶饭不思，是激情。老想见到她，喜欢和她一起聊天，是激情。每天短信、电话多得没完，是激情。为了生日、节日费尽心思想浪漫的点子，是激情。为心爱的人营造烛光晚餐，不惜去高档餐厅消费，是激情。当你和她在一起时脑子里不自觉地规划实实在在的将来，是爱情。当你们争吵到很凶，火很大时，也不忍心说一句伤害她的话，是爱情。当你们产生分歧时，你总是能清楚地知道她是怎么想的，能理解彼此的初衷，即使不能理解，也能选择休战让自己冷静，是爱情。在日常生活中，对方做饭咸了淡了，还能忍着不说反而去鼓励，是爱情。

婚姻生活中，只有爱情比激情多，才是幸福婚姻的开始。因为，激情可以褪去，爱情却会随着柴米油盐在琐碎中沉淀。为什

第一章　亲密关系，是等不来的

么很多人不羡慕俊男靓女的爱情，更感动白发苍苍的夫妻两手相挽呢？就是这个道理。

男人在垂涎美女的时候，激情是最好的工具。然而面临结婚选择时，作为男人，一定要厘清自己的头脑，驱除激情的成分。这个思考的过程非常重要，婚姻是没有回头路的。别以为大不了还可以离婚。离婚不是解脱，是又一个麻烦的开始，不要以为下一个会更好。

女人在倾心于俊男帅哥的时候，激情是最好的工具。可以受到男性荷尔蒙的吸引，但是面对婚姻需要现实和冷静。帅不能当饭吃，岁月这把杀猪刀也会把你眼前的帅哥切割成大叔或大爷。

拥有甜蜜幸福的婚姻，是每个人的渴望，但是，我们眼下的现实是离婚率越来越高。所以，爱的学习，婚姻的学习，这样的功课对于每个走入围城或即将进入围城的人来说，已经变得非常重要。所以，一定要明白，婚姻成功的几个要素。

第一个就是婚姻需要承诺。很多人以为维系婚姻的是爱情，所以很多人以为他对对方没有爱了，或者爱上了另一个人的时候，就觉得我们已经没有爱情了，我们的婚姻可以结束了。

婚姻不单是你们之间有没有爱情，更是你们之间彼此的承诺。承诺不是合约，合约是对方没有做到我就可以不履行这个合约。我们在结婚时候都会说，不管你生病、贫穷或富贵，我都会和你一起共度今生。

另一个要素，我们要学习成功地化解冲突。因为彼此的差异就会造成误解，误解会带来冲突，所以，在婚姻中的冲突是难

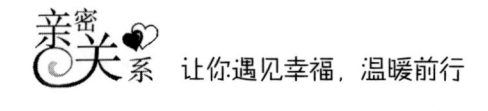

免的。我们不要以为不吵架的婚姻就很美满，很多婚姻专家的研究表明，即便很多夫妻常常吵闹，但他们的婚姻仍然能够维持下去，因为他们懂得怎么去处理冲突。

谈到婚嫁，请一定对对方做好三个方面的评价。

第一，你们精神生活上真的有默契吗？在价值观上有认同吗？他的气场是否罩得住你，让你有一种精神上深刻的依恋？爱情这东西不能替代一切，因为你们要过一辈子。一个特别爱钱和一个不太爱钱的人在一起，两个人会发生冲突；一个特别喜欢朋友和一个特别讨厌社交的人也没法协调。这些电光火石的契合非常重要。

第二，你们的社会生活能否融合？恋爱是两个人的事，但婚姻是两个社会群体的事。最好的婚姻就是融合，认同彼此的圈子，爱彼此的亲人，接纳彼此的朋友，因为有彼此，你们更爱这世界的一切，你们比以前更知道父母养育之恩的厚重，更知道要经营自己的朋友圈子，更知道得去社会上做很多精彩的事。这种接纳，会让你感觉更有根，除了爱情还有恩情。

第三，你们的性关系和谐吗？这是一个极其重要的指标。男女之间的激情，取决于身体之间的融合程度。如果说你们的身体不默契，那你们可能不会直接把这件事说出来，但有点小事就会爆发战争。这也是婚姻的"七年之痒"甚至"三年之痒"的根由。

这三个指标只要有一个低于60分，我觉得就不能仓促地走进婚姻。在进入婚姻之前，还要深谙一条原则：任何一方都应当关

第一章 亲密关系,是等不来的

心对方甚于自己。这是爱情与婚姻能够成功的唯一基石。如果每一方都关心对方甚于自己,两人肯定是平等的。如果形成了这种亲密关系,双方彼此忠诚,那么每一方都不会觉得受到控制和压抑。然而,只有双方都持这种态度,才能实现平等。双方都应当竭尽全力让对方生活得更舒适。这样,每人都会安全,都会觉得自己有价值,觉得别人需要自己。在此,我们看到了婚姻的基本保证,看到了婚姻关系中幸福的基本意义:这就是觉得自己有价值、无可替代,伴侣需要自己;觉得自己行为正确,是个良好的伴侣、真正的朋友,只有这样,走进城内的两个人才是最亲密的爱人,也是最忠实的朋友。

第二章
每一种爱，都是陪伴

第二章 每一种爱，都是陪伴

自己长不大，另一半也长不大

有人说，好的婚姻是彼此成全。当然我不反对这个观点，但我更倾向于另一种观点：真正独立又能共同成长的伴侣，才会让爱情锦上添花。

我赞同舒婷的《致橡树》里描述的婚姻关系。我不愿做攀附的凌霄花借你的枝头炫耀自己。我必须是你近旁的一株木棉，作为树的形象和你站在一起。我有我红硕的花朵，你有你的铜枝铁干，我们分担寒潮、风雷、霹雳；我们共享雾霭、流岚、虹霓……我必须是一个独立的我，同时也是支持着你的我，我想只有这样的爱情才有活力，禁得起洗礼，符合爱的本质——让彼此成为更好的自己。

我接待过一对来做情感咨询的小夫妻，先生小墨，太太婉儿。先生说，每次一提到和自己太太的婚姻，他就觉得特别无奈，在结婚之前，他怎么也想不到自己的婚姻会变成现在这样。

小墨说，还没辞职的时候婉儿和他在同一家公司上班，当时是女方主动追求的他。之所以小墨选择了和婉儿结婚，因为他看到她不像别的女孩那样需要主动去哄着，每次吵

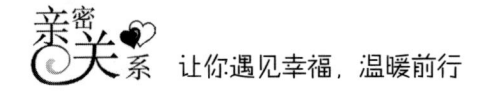

架,都是婉儿主动认错的次数居多。他自己多少有些大男子主义,性格也偏内向,所以当时在他看来,像婉儿这种性格大大咧咧又会哄人的女孩子是再适合他不过的了。

但结婚以后的矛盾很快就出现了。用小墨的话说,刚结婚那会儿,觉得婉儿挺单纯可爱的,平时不管干什么都是傻乎乎的不会耍心计。但是,一直这么傻乎乎的他就受不了了。我问他,为什么受不了这样一个女孩呢?他说,婉儿老是装傻充愣不上进,不成熟。可是她现在都快30岁了,再像以前那样什么都不懂就不是可爱是真傻了。小墨觉得自己越来越受不了婉儿每天游手好闲,装可爱不上进的样子。我问小墨,婉儿是怎样的不上进呢?他说,"她既不出去工作,也不在家做家务,可以说对这段婚姻没有丝毫的付出,对家庭没有一点想要承担责任的意识。我不愿意把话说破,无非就是希望她有一天能自己想明白这一点。可是过了这么长时间我才发现,她之所以这样并不是成心不想付出,而是她打心眼里就不觉得这样有问题。她常年不与社会接触,所以看待问题还跟小孩一样,我也挺无奈的"。

最让小墨受不了的是,婉儿并没有觉得自己这样不好。她也有话说,嫁男人不就是为了让男人养着吗?如果女人必须要跟男人共同承担家庭负担,还不如不嫁人更好。

每次小墨听到婉儿这样的言论就非常无奈,他认为要想经营好一段婚姻只靠一个人的付出是不行的。一个女人可以不用为家赚多少钱或干多少活儿,但是,一定要有共同承担家庭责任的意识,也就是说要有长大的意识。而不是天天幻想着在父母原生家庭里衣来伸手,饭来张口的日子。

针对这对小夫妻的问题,我首先疏导小墨,既然他那么不满意婉儿的不求上进为什么不直接跟她好好沟通,两个人不在一个频道上是肯定影响感情的,让其找个工作别把自己圈在家里,把牢骚憋在心里,一味看不惯宁可找心理咨询师也不愿意跟自己的爱人沟通,这是婚姻关系中的大忌。因为在我看来,小墨当初爱上的正是婉儿的大大咧咧和傻乎乎,如果不去好好沟通,婉儿并不觉得自己不求上进有什么不妥。其次,我指出了婉儿的问题,一段婚姻中,双方一定是互相促进,共同成长的。如果一方总想着提高,另一方不求上进,一方总在付出另一方却在心安理得坐享其成,这样的婚姻关系并不对等,长此以往就会产生矛盾。

斯科特·派克说过一句精彩论断:"爱是为了促进自我和他人心智的成熟,而具有的一种自我完善的意愿。"爱不是牺牲一方服务另一方,而是各自变得更好,同时促进另一半心智成长。

我们再来看一个案例:

K先生和M小姐结婚之初,大家都非常看好他俩的婚姻。K先生长得不帅,但他的性格超好,会疼人,爱疼人,人们都称他大叔。M小姐不算漂亮,但乖巧可爱,爱撒娇,惹人

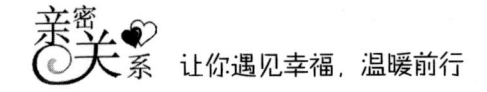

怜。一个是成熟的大叔，一个是小鸟依人，大家都非常看好他们。但时间一长，两个人就出现了问题。M小姐觉得K先生不像老公，太像"爹"，大事小事都要管一下，特别喜欢控制人。M小姐看上了一条裙子，K先生不满意，他觉得裙子太短，告诉她以后不准再穿了，然后擅自给她买了一堆M小姐最不喜欢的裤装、运动装。K先生也有自己的委屈，他觉得M小姐不像太太，却像个"女儿"，他以为她会长大，却越来越不像话。K先生一旦加班或者应酬，M小姐必定会拼命给他打电话，而且一旦不接或者晚回，什么"再不回来就死给你看""我要难过死了""你不爱我，不管我死活"等等惊魂的短信就蹦了出来。

时间越久，两个人在一起的感受越不好。女的说丈夫老气横秋，没有激情和活力；男的说女的，幼稚刁蛮任性不讲理，等等。于是，在别人眼中一对儿非常互补的婚姻，却越过越累，快要走不下去。

如果一个婚姻里面男方是爸爸的角色，女方是女儿的角色，或者女方是妈妈的角色，男方是儿子的角色，那么，造成这种现状的原因一定是两个人合谋的结果，非某一方能力所能为。这也就是我说的，如果婚姻中的一方不去长大，另一半也会长不大。因为没有彼此促进的契机。

如果说谈恋爱是青年男女的打打闹闹，但是对待婚姻一定是认真的，双方都想找一个能过日子的人，而不是充满幻想总也长不大的人。所以，为了赢得爱情，为了婚姻幸福，你必须长大，不论是从外表还是内心，要从根本上成熟起来。

婚姻匹配度，取决于价值观近似度

常言道："道不同，不相为谋。"人们在择友、共事时都会想到这一点。那么，对于两个原本各自独立，领域彼此陌生的男女要组合在一起共同营造属于自己的一亩三分地，如果没有基本价值观的近似，那么，结果可想而知。婚姻不仅是两个人一起谋划人生，还要朝夕相伴，价值观不同，等于找个人互相鄙夷和摩擦。所以，婚姻的匹配度，取决于价值观的近似程度。

有一期《爱情保卫战》，主人公是一对价值观完全不在一个频道上的男女。女生25岁，从小生长在一个富裕的家庭，其父母对女儿完全是富养，无论物质上还是精神上。在女孩的眼里，金钱不重要，只有爱才重要。而她的男友，是她的大学同学，属于好学上进省吃俭用的类型。女生的字典里没有省吃俭用这个概念，正是所缺才会互补，女孩爱男孩爱得执着又单纯。她把自己每月的生活费从父母那里提高了

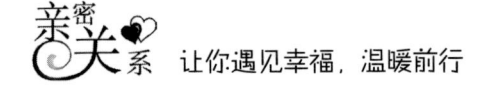

一倍，多要出来的钱接济在她眼里舍不得吃穿的男友。自己去逛商场买名牌不忘大手笔给男朋友也买名牌衣服鞋子。而她的男友呢？最初因为找到一个像公主一样的女孩，不娇气、不虚荣，他还很受用。后来就招架不住了。内心那种缺钱的自卑感开始控制他。当女孩无意跟他聊起LV包包、名表、豪车的时候，他开始反感。以为女朋友这样说是旁敲侧击给他听的，事实上不是。在女孩的世界里，她所思所想的，她的父母都可以满足她，因为她有一个非常有钱的爹。而在男生的价值观里，这样的女孩太拜金，追不起将来也养不起。最终，男孩跟女孩说，你和我价值观不同，注定我们没有未来。

现代社会男女平等，个性越来越获得尊重。女人不是男人的附庸，男人也不再像过去一样是家庭的主要经济支柱，一个家里，女人在经济基础和精神领域越来越拥有与男人并立的地位，男人无法要求女人在价值观问题上无条件服从自己，男人也无权在家里高高在上。

正因为如此，价值观一致或接近才显得尤为重要——你无法要求对方服从自己，但你能选择一个跟你接近的人减少冲突。事实上，夫妻间一切的不和谐皆是由观念冲突引起：因价值观不同，导致夫妻间对同一件事看法产生分歧，进而引发争执。无论是婆媳矛盾、金钱观念、消费观念、子女教育……概莫能外。

第二章 每一种爱，都是陪伴

我们看一个咨询案例：

文洁因为与丈夫感情不和来做心理咨询。她说，谈恋爱的时候没有发现我俩有多么大的不同，但结婚后就渐渐显露了出来。下班后我喜欢早早睡觉以补充美容觉，但他却说下班的时间才是放松的好时候，不是在闲看手机就是看小说，不到12点他一般不睡。第二天，我希望早起一会儿自己在家做早点，他却是闹钟怎么也叫不醒，每次都是风风火火拎包一路跑着去上班，路上随便买个早点。在日常生活中，我希望买一些鲜花装饰房间，他总说我浪费钱又不实际，花开三天就败落。我喜欢床上用品质量和品质都要好，他却认为两个人睡觉的地方，别人也看不见，犯不着用多贵的。我俩除了生活习惯上的不合拍，价值观也存在很多分歧。就拿消费上来说吧，我觉得年轻健康才是一个女人最大的本钱，喜欢把钱花在形象塑造和精神提升方面，比如做做SPA美容、按摩、做微整形什么的；我还喜欢充电学习，什么情商课、管理课，学费从几千元到几万元，只要觉得值得，我从不含糊；对于穿着，我所追求的是舒适，而不太讲究牌子。至于生活的其他方面，我则能节约就节约，不怎么旅游，也不看电影，更不逛商场。而丈夫呢？用他的话来说，花钱一定要花在看得见的地方，就是摸得着、看得见的！比如吃，口味第一、肉食第一，至于是否健康，则可有可无；对于衣物，

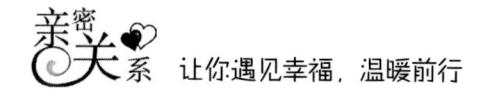

他也是比较追求表面效果的，最好是别人看得到的名牌，至于实际的穿着舒适度，则在其次。

为此，我们经常闹得不愉快。我报了一个瑜伽培训班，学费只不过四五千块钱，其实已经很便宜了。可他知道后一直不高兴，觉得一来锻炼身体跑跑步就可以，在家做做锻炼就行，二来又不用花钱还不用天天去健身房，就算他不支持我健身，好歹尊重一下吧？更何况，我用的是自己的钱！

我们有太多的互不相让、争执不休，我争不过他，他也争不过我，我想我们之间最大的共同点就是坚持自我。最大的问题就是价值观不匹配。

婚姻就像一场拔河，两个价值观不同的人就会处在绳子两端，都在往自己想要的方向拔，当然就会筋疲力尽。价值观相同的情侣结婚后大部分关系会更亲密；相反，价值观不同的情侣结婚后夫妻间的矛盾较多。价值观的类似性是人与人之间产生吸引的主要原因之一。所以，知道了人与人之间的价值观是否类似，便可在一定程度上预期他们未来的关系。

离婚类型中排在第一位的是精神型离婚，就是因为双方信仰、学识、性格、道德和生活习惯等差距较大，长期冲突导致感情破裂而致。

德国心理学专家通过大量的调查和研究，得出这样的结论：

对婚姻满意度影响最大的不是婚前相爱的程度，而是夫妻双方在家庭背景、价值观、个性、生活习惯、兴趣爱好等诸多方面的相似程度；相似性越高，婚姻幸福长久的可能性越大。这也可以部分解释为什么有的人选择门当户对的原因。

比如，丈夫喜欢结交朋友，经常邀请他们到家里来玩，但妻子却不喜欢，嫌他们粗鲁、没教养，坚决反对他们来家里，这样，冲突就会时常发生。比如，妻子喜欢逛街购物，而丈夫生活比较节俭，长此以往就会产生矛盾等等，这些矛盾其实都源于彼此的价值观不同。

在日常生活中，如果两个人价值观不一致的话，最明显的表现就是缺乏共同的生活目标，在对待生活的态度上完全不同。同样一件小事，价值观相近的夫妻一个眼神、一个动作、一句话都能传递彼此的心意，看待事物、处理问题容易达成一致，即便发生矛盾也容易协调一致。而价值观不同的夫妻，在面对问题时常发生矛盾，往往双方语言上互相指责，行动上背道而驰，最终难免分道扬镳，也就是我们常说的"话不投机半句多"。

那么，如果从结婚开始，双方的价值观就不同，能不能在不断的生活磨合中调和呢？当然能，而且是一定可以调和的。大家应该知道一个有趣的现象，很多人会发现，结婚后的两个人相处时间越久，就会变得越有"夫妻相"。久而久之，两个人连生活习惯甚至连气质都会变得一样。这是因为，在相处中，相爱的两个人通过不断的交流，培养共同的爱好，慢慢随着时间的沉淀，

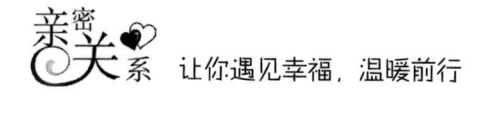

他们的观念、态度甚至表情会有越来越多重合的地方。渐渐地，他们很多地方会变得越来越像对方。

物以类聚，朋友间都应该在人生观、世界观和价值观上有基本一致的认识，至少能彼此默认对方的人生价值观。朋友尚且如此，夫妻要长期生活在一起，当然更得有相同的人生价值观。夫妻追求的人生和生活目标不一致，对事物的看法存在严重的分歧，婚姻怎么进行下去？

许多人在跟我说到他们的婚姻时，会不由自主地"专拣"那些现在看到的、最不能忍受的事情，似乎另一半就是一个劣迹斑斑、十恶不赦的家伙。或许这只是一个人所看到对方的表面现象，只是看到对方生命长河中的一小段经历。所以，要慎重而理智地想明白，在看到对方不符合自己价值观的地方，可不可以换个角度重新解读？毕竟，价值观的形成是从小积累而成的，这涉及一个人背后的原生家庭和成长的经历。

如果双方都能视对方是来度化自己的，那么在遇到不同自己的部分，我们接纳，相同的地方欣赏，这是不是可以变不利为有利呢？

真正的般配是磁场不是战场

很多走过婚姻的人会发出感慨：婚姻就是战场，不是你战胜了他，就是她战胜了你。家就像江山，要想坐得稳就要拼能力打下来。这个话我赞成一半，一个家庭的确像江山，经营好则江山稳固，千秋万代；经营不好则分崩离析，劳燕分飞。但靠的不是"打"下来，而是要靠智慧。这个智慧就是不用兵卒不动干戈，靠一种无形的力，像磁场那样彼此吸引，而不是像战场刀兵相见。

因为，动武是一种手段，"姜太公钓鱼，愿者上钩"更是一种能力，尤其是婚姻关系中如果太太一方有凝聚力的磁场，男人就会向你靠拢。男人一方有磁场，便值得女人去崇拜。

一旦夫妻关系经营成了磁场，那么即使不优秀的另一半，也会受对方的吸引和感化而变得优秀。反之，如果把夫妻关系经营成了战场，即使一个真正优秀的人也会被毁掉。

我们在一次同学聚会上，当年被称为校花的秦悦悦听到同学说起痞子蔡现在当了某五百强企业的项目执行总监，年收入八位数，而且为了孩子受到更好的教育，把妻子和孩

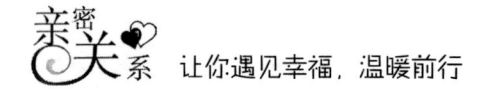

子移民去了新加坡。秦悦悦惊得张大了嘴巴。不会吧,公司高管移民新加坡?那个曾经被她视为不求上进的学渣,怎么会逆袭成功的?过得如此幸福,成为大家羡慕嫉妒恨的优质男。秦悦悦想不通!

痞子蔡是我们同学里公认的混混,成天哪里好玩儿去哪里,哪里热闹去哪里,就跟当年玩鸟斗蛐蛐的纨绔子弟一样。但秦悦悦是校花一枝。两个人你情我愿大学毕业就组成了小家庭。但是好景不长,不到半年,我们就听说他们已经分道扬镳。

秦悦悦想着当年被自己放弃的渣男如今的辉煌,心里像是被鞭子狠抽了一下。当年的痞子蔡没有上进心,爱玩网络游戏,挣钱不多还心眼儿小,刚结婚的时候,家里的水、电、煤气等日常开销全是自己掏。一说他,还甩脸子发脾气,家里经常是争吵不断,不是她骂他不求上进、没出息;就是他骂她,强势火爆得寸进尺。最终,矛盾越积越深,明明是郎才女貌愣是变成了"郎豺女豹"。一场同学聚会,让秦悦悦开始思考,为什么同样的男人换了一个女人,竟然能发生翻天覆地的改变呢?她实在想不通,可能是自己哪儿做错了。

事实上,秦悦悦在后来的几次恋爱和婚姻失败中找过婚恋专家,别人分析了她的问题。她强势,她好战,她没有站在对方的立场上考虑，只看到了男人的不求上进和打网络游戏，没有探究他背后的压力。她只计较了表面的那些水电煤气小钱支出，却伤了一个男人本来就不多的自尊。不是用鼓励替代责骂，而是用贬低替代了欣赏。是自己不会把握，不懂经营，把一只潜力股炒成了ST股，更可悲的是，这只股抛了后，却在别人手里不断升值。

很多时候，刚刚组成家庭的男女，你侬我侬的甜蜜期一过，就到了磨合期。这个时候最考验彼此，是互相打成斗鸡眼，还是用智慧彼此发现对方的闪光点，这将决定婚姻最终的走向。

女人既有独立的能力，又要有温柔的气质。聪明的女子知道怎样运用自身的优势去获得幸福，就如女人的柔弱可以吸引男人的阳刚。为什么很多女人偏偏要用暴力挑战男人的暴力，以硬碰硬，输的是女人，男人可从来不怕女人的强硬，只会服从于女人的柔软。

李安在未成名之前曾一度在家当了6年家庭煮夫。这6年里，李安每天在家里大量的阅读、看片、埋头写剧本，还要负责买菜做饭带孩子，打扫卫生。每到傍晚做完晚饭后，他就和儿子一起等待爱人回家。

这6年来，都是妻子林惠嘉挣钱养家。她是美国伊利诺伊大学的生物学博士。亲戚、朋友曾质问林惠嘉："为什么李安不去打工？大部分人不都为了现实而放弃了自己的兴趣吗？"看到老婆那么辛苦的养家，李安觉得过意不去，于

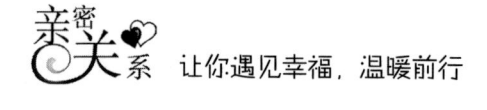

是，他偷偷地开始学电脑，希望能尽快找一份工作养家糊口，那时他打算放弃电影梦想，被妻子发现后，她一字一句地对李安说："安，要记得你心里的梦想！"妻子又告诉他："学电脑的人那么多，又不差你李安一个！"

林惠嘉是一位非常独立和出色的女性。李安曾说："妻子对我最大的支持，就是她的独立。她不要求我一定出去工作。她给了我充足的时间和空间，让我去发挥、去创作。要不是碰到我妻子，我可能没有机会追求电影生涯。"可以说，妻子林惠嘉的鼓励和支持，成就了李安的梦想。

我们在报道中多次看到李安和太太那种相携相拥的场景，人们无不觉得在林惠嘉的身上有一种强大的磁场，吸引着李安追随。这是一个女人用智慧打造了一个成功男人，也是靠自身的魅力给自己一份踏实可靠的江山。而这份江山不是靠打下来的，而是靠营造出来的。

所以，女性在用挑剔的眼光和语言试图去改变跟你不在一个频道上的男人时，不妨先停下来审视一下自己。是我们面前的男人有了非改不可的问题，还是自己哪个地方有了问题。当一个女性学会自省的时候，就已经迈出了成长的第一步。当夫妻间有了一种默契和无形的力量牵引着向对方靠拢，那么就会显出真正的般配。

第二章 每一种爱，都是陪伴

先自强，再吸引，后经营

在男女关系上，有一句很经典的话：英雄难过美人关。为啥？因为英雄是人中之龙，美人是人中之凤。若是美女配拙夫，丑女嫁富豪，总有人会羡慕嫉妒。

假如当时缔结婚姻之始，潘金莲匹配的是武二郎而不是矮拙的武大郎，可能就没有后来劈腿西门庆这一艳遇和最终的悲剧，因为武二郎自带英雄气，能够吸引潘金莲。潘金莲向武二郎示好无果才有了西门庆可乘之机。大自然中，动物繁衍生息靠的就是优胜劣汰，动物们求偶一点儿都不含糊。雄性动物求偶都尽最大可能展示自己，要么展示强壮有力，比如狮、虎、豹；要么展示华丽的外表，比如雄性孔雀、鸳鸯；要么展示才艺，如百灵鸟一展歌喉，丹顶鹤翩翩起舞。无论从哪个角度秀出真本事，都能得到配偶的欢心和接纳，然后才有后续的交配和繁殖。人作为大自然中最高级的动物，自然也不能脱离这一法则，只是没有动物表现得那么直白和单纯而已。

试问，面对一个不求上进的男人和一个事业成功的男人，哪个更让女人动心？不言自明。所以，一个人无论是走进婚姻还是婚姻之外，都要有"先自强，再吸引，后经营"的意识和头脑。

亲密关系 让你遇见幸福,温暖前行

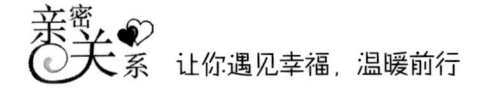

在婚姻中,很多女性一谈恋爱就头脑发热,没了自我,整天男人就是真命天子,一日不见就如隔三秋,生不如死,丧失了自己的独立存在价值。很多男人亦然,一结了婚就认为瓜熟蒂落,不再用心对待另一半,以为反正已是煮熟的鸭子能飞到哪里去?开始不保持恋爱激情,也没有制造浪漫的心情,更不堪的还有了不求上进的借口。无论男女,都要保留一份对自己的尊重与爱惜,让自己更优秀更精彩,才能更好地爱与被爱,这样才是理智的爱情模式,也是共同督促、共同进步的爱情模式。

有这样一对夫妻。

两个人有共同的兴趣爱好,自大学起,就爱背包一起骑行西藏,徒步云南,也能通宵达旦一起观看老电影,兴起了还能一起弹吉他唱校园民谣。大学毕业以后两人顺利找到了好工作,还领了结婚证。先生因为工作的原因,要出国深造,太太留在国内公司上班,后来,先生又因为某课题研究,在国外多待了几年。两人就一直维持着这种婚姻,实际上是分居的状态。

很多人,走着走着就掉队了。很多家庭,走着走着就散了。然而,他们却因为距离彼此越来越美。先生不但事业有成而且深造得更有能力,女士则在工作之余摄影、写书、练书法。两年后,先生回国,和太太更加恩爱,而且有了一个人见人爱的小宝宝。最初,认识他俩的人都羡慕加担心地说，你们俩这样就不怕对方另觅新欢吗？有人还问先生，在国外期间，你对她放心吗？她会不会打越洋电话找你哭闹。她没有嫌独守空房的寂寞孤独冷，阻拦你在事业上的进步吗？先生笑答，不可能，我爱人比我还忙，我打电话找她哭诉还差不多。

有人问女士，你不担心他变心？毕竟分开这么多年。他又在国外比较开放的环境里，不怕跑出来个洋妞把他给拐跑了，让他成功移民？

女士也是笑答，我相信他，但更相信我自己，无论什么样的结果都能接受。他在进步，我也一刻没停下自我成长的脚步，他的能力提升了，我也做出了成绩。所以，我真一点儿都不担心。先生和太太给别人一个答案：我俩都属于独立的个体，有各自的理想，各自的兴趣爱好，依靠这些追求我们就可以活得很充实。当然我们很幸运，在这理想和兴趣爱好中，我们有共同的交集。

可以看出，这对夫妻俩是先自强，再吸引，后经营最好的典范，因为爱情及两性的平等，很大程度上依靠自己去争取。一个人有多独立，爱才会有多自由，自由的两个人彼此不依附，不牵制，反而婚姻才更久长。

我认识一个女孩，嫁了一个韩国老公，开场是一段韩剧般罗曼蒂克的异国恋情。但是，孩子八九岁的时候老公想回韩国发

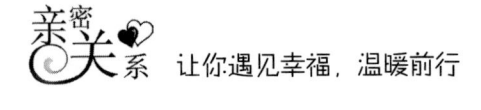

展,女孩放弃了自己的事业,跟着爱人,带着孩子,去了韩国安心当起了家庭主妇。结果事业做得顺风顺水的老公有了办公室恋情。原本她有事业,人漂亮,结果落得事业没了,婚姻也被第三者插足而土崩瓦解。在爱情里面,引用莎士比亚的一句话:"我猜中了这个故事的开始,我将上帝赋予我的一切都奉献给了你。但我却没能料到这个故事的结局。"很多人可以在恋爱开始爱得死去活来,很少人可以相亲相爱走到人生终点,能宠爱自己一生的只有自己的经济独立和情感独立,而这份独立如何来呢?靠的就是自强。尤其是对于女生,不要以为自己嫁了一个钻石王老五就可以一劳永逸,不要以为自己嫁给了优质凤凰男,从此就可以高枕无忧。如果自己不提高,等到哪一天,因为你的不自强,自然对于另一个人的吸引力就会减少。那么,到头来就会在婚姻中被动。

每个人要面对另一个人,并要与之组成漫长而琐碎的家庭生活,一个人很难决定什么时候遇到什么样的人,是否会幸福。因为即使遇到你认为的白马王子,也可能因为你的修为,魅力不够,吸引不到对方。也许你遇到了紫霞仙子,因为没有月光宝盒,也成不了她的盖世英雄。

所以,为了那一天,每个人都要修炼自己。要维持好的婚姻,是要不断提高自己的修养,和对方有持续的价值观的沟通、分享。这里的分享不仅仅是好的分享,因为欣赏一个人优秀的一面很容易,但是要欣赏差异、非共同点就很难。恋爱、婚姻不是要去改造、控制对方，而是要分享沟通，甚至包括黑暗、阴暗的一面，欣赏他的缺点。这就叫经营。

夫妻双方在婚姻中的价值

追溯缔结婚姻的发展之初，古代人缔结婚姻大多是奔着传宗接代，延续子嗣兴旺家族的使命；西方缔结婚姻是神谕之下双方进行神圣的交付，西方的基督徒很清楚，结婚，就是为了荣耀上帝，完成上帝颁布的诫命。而我们处于现代社会中的男女，结婚不再完全像古代和西方那样，在缔结婚姻之始，延续后代不是唯一的理由，虽然对于婚姻依然保持些微的神圣感之外，更多的是追求男女平等、婚姻自由。而想要真正的自由就要各自在婚姻中体现出应有的价值。否则，任何一方存在的价值不强，或者在对方感觉里不高的话，婚姻的自由和平等都会打折。

在这个崇尚自由和平等的年代，人会有多重需求。女人需要男人提供多方面的价值。一般来说男人对女人提供三种价值，即情绪价值、专一的价值、供养价值。这几个价值都是女人梦寐以求的，任何女人都希望自己的男人是白马王子高富帅、幽默有趣又有情调，给自己带来开心快乐浪漫的生活，对自己专一忠心不二，有能力有实力且倾心供养自己和孩子。同样，男人需要女人

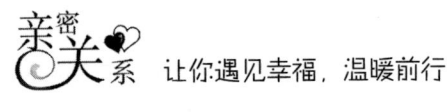

也要在平等的婚姻关系中提供价值。比如，照顾好家庭和孩子的价值；与丈夫共同承担家庭责任的价值；经济和情感独立不过分依附的价值。

夫妻双方只有各自尽最大可能做到在彼此心中的价值，婚姻才能向更美好、更和谐平稳的方向发展。

有一对夫妻因为彼此感觉出了问题，走进咨询室：

> 妻子旋旋和丈夫小何都是"80后"。旋旋是急性子，一次，她气愤地对丈夫说：我再也受不了，我付出这么多，你都觉得理所当然，从来就没说过我的一句好，你家人也是，都觉得你能赚钱，我跟着你是享福。可这个家里的孩子、老人、家务，我每天忙里忙外，操心还少吗？到底要我怎样做才够呢？他们从来都没有认可过我。说着，泪已经流了出来。丈夫小何看了妻子一眼，不急不缓地说：其实，这一切没有你说的这么严重，虽然我们家条件好，但我从来就没有看轻你，我的家人也是。我能挣钱，平时很忙没有时间陪你，但是家里的钱都给你管，怎么用我从来不说什么，我也不像其他男人在外面搞得风风雨雨，自我感觉我做得还行。就是工作太忙有时候没有以前那么浪漫，于是你就经常跟我抱怨，不关心你，家人见不惯你，我的朋友也看不起你，其实大家都没这意思，我还经常安慰你。不管我怎么说你都听不进去，现在我也没有耐心了，你真是太敏感了。一个家

里，男人赚钱，女人顾家，这不是天经地义的吗？

旋旋说：不是我敏感，我觉得你只顾挣钱，并没有考虑到我的感受。我又不是你养的一只鸟，只给水和食物，高兴了就逗逗开心，不高兴了就弃之不顾。更何况，我又不是金丝雀，我更像一只老母鸡，勤勤恳恳下蛋抱窝，抚育幼崽。我为这个家奉献的不比你少，可是在很多人眼里，我这样就该知足。总觉得我在依附你，你的钱是有数的，我为这个家付出的辛劳就没有数吗？不能跟你的价值对等吗？

在这对小夫妻的咨询过程中，旋旋很希望通过咨询，能改变丈夫，让他和家人能够肯定自己的存在，看到自己为这个家付出产生的价值；而丈夫却认为，他和家人都没问题，是妻子太敏感，太想要得到别人肯定而在无理取闹，小题大做。

一般在亲密关系咨询中，我会先去关注更难受的一方。我认为，既然妻子在家里感受到了委屈或被轻视，说明这个家里还是存在问题的。在深入了解后，旋旋说，在原生家庭里自己是姐姐，还有一个弟弟，旋旋从小很懂事听话，帮父母做家务，而弟弟总是给家里惹事，但父母却依然很喜欢弟弟，不论弟弟怎么欺负她，父母都要她让着弟弟。旋旋内心觉得很委屈，为什么自己为父母做了这么多，而老是得不到父母的肯定呢？从原生家庭中，我们就看到了旋旋希望通过自己的付出，获得父母的认可，但却一直让她失望。旋旋说，婚姻是她最大的期待，她希望通过

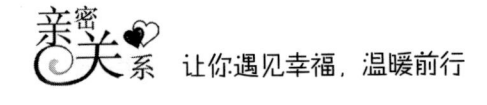

婚姻改变这一切。她曾经为找到一个爱她、能干的老公无比自豪，觉得总算按照自己的意愿去生活，可现在自己却落入了这样的处境，那种不被认可的感觉又回来了。我问她，你觉得自己对于这个家庭的价值在哪里？旋旋说：做家务带孩子。随即又摇摇头说：这些都谈不上价值。我也不知道自己的价值在哪里。

实际上，一个人越不知道自己的价值在哪里，便越想要从他人的认可中获得存在感。旋旋虽然从心里渴望获得别人的认可，让家人觉得她是有价值的，可是从她内心来说，她一直都觉得自己所做的事情没有价值，因为自己认定了自己所做的一切，所以，内心就会产生一种假想，认为别人也一定会这样感觉。这种内心的不安全感造成了她对丈夫的不悦。那么，在我看来，丈夫小何也不是一点儿问题没有。他作为家庭的主要经济支柱，体现出了家庭供养价值的方面，却忽视了旋旋需要的情绪价值，或者说，丈夫潜意识里认为自己为这个家带来的价值要大于妻子所贡献的价值。

旋旋认为自己所做的事没有价值，又希望获得对方的肯定。在这样的关系中，我们可以看到她内心的恐惧，如果一个人不能肯定自己的价值，便会用过度付出来交换价值。

在我看来，夫妻双方在婚姻中的价值，男性的价值体现很容易被认定。恰恰是很多女性在家庭中的价值容易被忽略。

女性由显性价值和隐性价值组成。在婚姻前主要以显性价值体现，也就是人们看到的赚钱能力。结婚的时候，女人是带着隐性价值（生儿育女价值）和显性价值进入婚姻，这就是为什么我们看到女人赚钱少，男人赚钱多，其实是平等的，价值一样高。而中国现行婚姻法严重抹杀女性这种隐性价值，造成严重不平等和家庭不稳定。

一个男人只要按时地拿回薪水以供家庭开销，这是可以量化的价值。而女性在日常生活中所费神和操劳的许多琐碎家务是无法以金钱来计算的。在家中有很多不起眼的琐事杂活，比如除了"物品坏了需修理"外，其他诸如"换季节了该把衣服从箱柜里拿出来了""贮藏的食品会否霉烂""废旧物品该去卖了""被子该晒太阳了"或"袜子破了该补或买了"等都是妻子更为操心、劳神并默默地作出平凡无私的奉献，而很多丈夫往往对这些经常性的琐屑细事视而不见或者不屑一顾。

加之社会的主流价值观认为，男人就应该是顶天立地，担负家庭主要经济责任的那一方，男性如果不能挑起生活的重担，也少有主动挑起家务劳动担子的自觉。因为这既不符合当今社会的通行规则，也有损于自己大丈夫的尊严。

即使日常生活中存在家庭角色的"阴盛阳衰"或"妻管严"现象，也只是因为女性在职业领域充当配角，故而在家庭领地发挥性别特长的一种无奈、被动的转移，是她们社会角色受挫转而在家庭中寻求心理补偿的一种自卫和适应，或者是因为她们具有更强的家庭责任心和持家能力并以她们为家庭操劳和付出更多为代价，使丈夫及家人信服继而获得威信，而并不意味着一个妻子

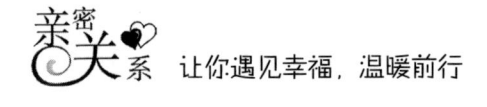

在家里做出的贡献和提供的价值被深度认可。

所以，美好的婚姻要让我们重新看待一个家里夫妻双方的价值，作为一个家庭情感心理咨询师，我看惯了很多夫妻产生矛盾的事例，大部分是夫妻双方在婚姻家庭中的价值不对等或彼此不认同造成的。男人要放下主流价值观传导的那种只负责经济支柱的价值；女人也要有意识地去争取自己的价值，因为在一个家里，琐碎的家务也是另一种难以计量的价值。只有男人和女人同时认定双方是有价值的，而且彼此对等，才能更平等和自由。

不要用放大镜看对方

小时候我还记得看过一个关于财神的电视剧，里面有句歌词"财神不是人，财神也是人"。当时觉得这句话挺矛盾。后来搞懂了，原来电视里财神也做不到完全公平而遭人非议，说其一碗水端不平。所以，这句歌词意在告诉人们，不要用人的思维去理解神仙，也不要觉得神仙就一定是完美的人。因为，不管是人还是神，都是有缺点的，我们每一个人都不可能至善至美。你看《西游记》里，唐僧迂腐，孙猴子好斗，猪八戒贪吃好色，沙僧太老实。最后还不都修成正果了？婚姻中的夫妻双方更是芸芸众生中的普通一员，吃五谷杂粮，有七情六欲，随着生活的起伏变化也有喜怒哀乐。如果用放大镜去检视对方、要求对方，那么这无疑是不公平不合理的。

夫妻之间的感情问题很微妙，处之要慎之又慎。大事共谋，琐碎之事各自消化。要用放大镜看对方的优点，用老花镜看对方的缺点。在我的咨询案例中，有这么一个女士，结婚3年，开始还甜蜜有加，后来女方感觉过不下去了，经人推荐来做心理咨询。

艾女士坐在咨询室的第一句话就是：我要和他离婚。"怎么了，你爱人做错了什么？"我试探着让她说出自己的故事。在咨询案例中，越是这种愿意倾诉的人，反而没有多大问题。于是，艾女士开始数落她老公的种种不是。她说："我老公变得和当初认识的那个不一样了。他记性不好，常常丢三落四；他不讲卫生，臭袜子烟灰缸扔得到处都是；他笨嘴拙舌，在亲戚朋友面前总是不会讲话，显得很没水平；他还吝啬，情人节，别的男人都送玫瑰、钻戒，他却只送一些廉价的饰品……"

从艾女士单方面的抱怨中，我听到了她丈夫的种种不是。我又问她："结婚以后你的丈夫一直是这样吗？你是这样跟我说他，还是平时也这样当着他的面数落他呢？"

艾女士想了想，说："没结婚之前他装得非常好，没有这些臭毛病，结婚后才一点点暴露出来。我说他这些缺点的时候，他不但不改还和原来一样。所以，我想离婚。"

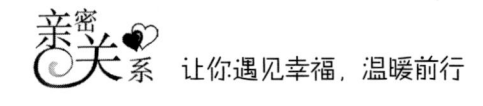

看着艾女士眼圈渐渐泛红，我知道他们的婚姻症结在哪儿了。于是我换了个思路，顺着艾女士的思维进行说道："我主张，这样的男人应该离，干吗婚前婚后判若两人呢，不地道。我支持你，离了婚让他再找一个别的女人，让另一个女人来调教他，你就省心了。"

艾女士听我这么一说，反倒诧异起来，她以为我一定会劝合不劝分的，没想到竟然找到一个棒打鸳鸯的咨询师。

"我们都有孩子了，离了婚孩子怎么办？"艾女士的语气明显小了，不像开始像个十足的怨妇。

"孩子你带着，然后重组婚姻，那个男人嫌弃不是自己的孩子，百般不爱。要么把孩子留给你丈夫，让孩子叫另一个女人'妈'。"我依然腹黑地使用反向刺激法。

"那不行，太便宜他了，我还要折磨他。"艾女士很激动地马上说出了自己的真实想法。她并没有想真的离婚，离开男人。

我趁热打铁接着问："你丈夫就没有优点吗？哪怕一点点，说来听听。"

艾女士轻轻地说："优点当然也有，不过和他这些缺点比起来，他的优点就显得有些微不足道。"

"有哪些优点？说说看。"我试探着问。"他顾家，每个月的工资都交给我，自己只留几百块钱零花钱；他老实，从不出去拈花惹草；他脾气好，不管我怎么无理取闹，他都不会生气；他不打牌、不喝酒；他对我的父母很孝敬……"艾女士一口气说出爱人很多优点，连她自己都觉得有些吃惊。

咨询的结果可想而知，艾女士知道他们的婚姻没有问题，是自己对待丈夫的思维出了问题，她的眼睛变成了放大镜，每天盯着丈夫不算缺点的缺点不断地放大，然后不停地去攻伐，最后演变成了没有活力的夫妻生活状态。悬崖勒马的艾女士并没有离婚，而是接受了心理疏导认识到自己的不足，反思了自己的错误，及时地修正了婚姻中即将出现的偏差。

很多时候，我们对待别人会非常耐心，却反而容易伤害最亲近的人，尤其容易伤害身边的配偶。设想一下，如果客人忘记带伞了，你会说："嘿，你忘带伞了。"但如果配偶没带伞，你就忍不住说："你怎么总是忘记带东西，你做事带点儿脑子行不行？还得我一天到晚跟着提醒你不成？"

如果每一对夫妻都能像对待自己的客户一样对待彼此，那么婚姻中创造的正面经验就会越来越多，生活中的正能量也就会油然而生。

看过这样一个故事：

南方姑娘与北方小伙成了家，在饮食上，姑娘口味清淡，小伙无辣不欢。为此，两人产生矛盾。

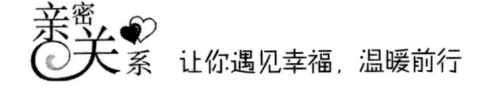

一天，姑娘回娘家吃饭。父亲做的菜咸了些，母亲一声不响地倒了一碗热水，夹了一筷子菜，将菜在清水里荡一下后再入口。忽然，姑娘从母亲细微的动作里领悟到了什么。

回去以后姑娘经常做丈夫爱吃的菜，每一个菜里都放辣椒。只是在吃饭时她的面前多了一碗清水。丈夫看着她津津有味地吃着从清水里荡过的菜，眼睛湿润了。

后来丈夫也争着做菜，在丈夫做的菜里面已经找不到辣椒。只是在吃饭时他的面前多了一碟辣酱。菜在辣酱里蘸一下，他同样吃得津津有味。从此，他们幸福地生活在一起。

故事中的年轻夫妻是幸运的，他们已经悟出婚姻的真谛。虽然起初各自都在试图改变对方，导致矛盾重重，但后来彼此转变观念，在婚姻中他们不断改变自己，互相谦让和体谅，终于找到了幸福生活的密码。

所以，正确处理两个人之间的差异很关键，不要用放大镜放大对方的缺点和不足，尤其是在处理夫妻问题上。比如丈夫因为工作繁忙，疏忽了对妻子的陪伴，妻子抓住这一点不放，认为丈夫之所以不关心自己，就是因为他已经不爱自己了，甚至还会得出"他每天加班很晚才回家肯定是在外面有人了"这样的结论。这就属于典型的庸人自扰了，男人都是很粗线条的，不像女人心思细腻又敏感。再比如，明明不洗一次脏袜子，偶尔喝喝酒抽个烟，这都是一个男人太正常不过的行为，如果选择抱怨和斥责，那么男人改起来反而不太容易；反之，如果一个妻子面对丈夫的脏袜子，没有说任何话而是悄悄给洗干净了，我想男人反而因心生感激改掉陋习。

一个婚姻中的正面经验很珍贵。你的伴侣是你的一面镜子，让你看到自己的优点，也让你看到自己的缺点。夫妻关系中，两人如果愿意互相支持彼此，转化内在的不足，实现每个人不足的价值，两性关系就会成为你最好的成长学校。

摆脱让自己痛苦的爱情模式

在从事心理咨询工作过程中，无论是阅读读者来信，还是在做心理咨询的过程中，我发现很多人，不管他们是男是女，会遭遇这样一种情况：在职场上发展得很好，自身条件也不错，但是涉及恋爱和婚姻，总会遇到相似的困境，好像被卡在一个点上无法动弹，痛苦不堪。我有一个来访者是个男性，我对他的情况记忆犹新。因为，在大部分人的观念以及我的工作经验里，一般婚姻或恋爱出了问题来咨询和疗愈的大部分是女性，男性很少主动去咨询。或者说男性即便在恋爱婚姻中有了痛苦的经历，也愿意把伤口紧紧地包裹起来不愿外露。所以，对于他能主动寻找帮助，我还是比较欣赏也比较有同理心。

亲密关系 让你遇见幸福，温暖前行

他叫悦然，是一个刚刚离婚1年的丈夫，属于净身出户。房子、钱、孩子统统归了妻子，而自己还要每月为孩子支付3000元的抚养费。这些他都乐意，唯一让他受伤的是妻子剥夺了他的探视权，不允许他来看孩子。每次他如果执意要去，妻子则会对他恶语相向，为了孩子能有一个平静的成长环境，悦然选择了遵从前妻的意见，忍着父子分离的痛苦，不再经常去探望孩子。故事在这儿只是开始，悦然身边有很多心仪的女孩子听说他已经离婚，所以纷纷对他表示出了爱慕，但悦然却一点儿心动不起来。用他的话说，他惧怕婚姻，认为爱是痛苦的，婚姻是伤心的。

刚开始，我以为他是没有从上一段婚姻的阴影中走出来，才拒绝别人的示好。深入了解以后才发现，真正让他走不出来的不是上一段婚姻，而是他的内心住着一个未被疗愈的"受伤小孩"。

而这份创伤是父母带给他的。他说，在他很小的时候，家不像家。父母相处的模式不像是和谐的夫妻，更像是两个仇人，矛盾和纷争起的时候，恨不得彼此杀了对方。不是父亲酗酒把家里的东西砸个稀巴烂，就是母亲一哭二闹三上吊，闹得街坊邻居尽人皆知。从小目睹父母不幸的婚姻状态，让他有过离家出走被警察找到的经历，也有过想要自杀以换得父母和谐的念头。随着年龄渐长，他发誓自己结婚了以后一定不能再延续父母的婚姻状况,结果事与愿违的是,他和妻子无论如何也处理不好两个人的关系。宿命般的情景再次出现,妻子的无理取闹,他的无言以对借酒浇愁,完全就是父母婚姻的翻版。离婚失去家,又没有探视孩子的权利的时候,他整个人颓废得简直要废掉。

我看着眼前的这个一米八五的大男人,像个孩子一样落泪的时候,我知道治疗他,要让他内心那个"受伤的孩子"疗愈需要漫长的过程。

因为,一个人如果有这种会让自己重复吸引痛苦爱情的潜意识模式,就需要做一些自我疗愈,提高自我觉知与觉察力,去探索爱情负面的信念从哪里来,从何时开始。它通常是来自内在一个年纪很小的孩子,因为某种生存环境或父母的关系,使他受到很大的打击,感到惊恐、没有安全感,受伤与不被爱。只有疗愈内在这个受伤的小孩,才能够重新拥抱对爱情正面的信念。

而很多婚姻关系中,这种相信爱是痛苦的模式大有人在。疗愈的第一步是觉知,先承认你有这种负面的关系模式,再看到心里那个需要你爱的内在小孩。意识到内在受伤的小孩,就要开始愿意感觉他的痛,陪伴他,接受他。

悦然在我的耐心疏导和心理催眠下,他的内心逐渐回到了自己的童年状态,他能看到自己的惊惧和不安,也能清晰描述父母的每一次大动干戈。在舒缓音乐和心理催眠下,他一次又一次疗

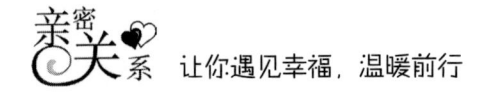

愈着心理上那个"受伤小孩"。

经过一年的心理咨询，悦然明白了原生家庭对自己的影响，他越来越看清楚自己在亲密关系中存在的问题，看到自己是如何重复吸引痛苦的爱情模式。看见即是改变的开始，随着对自己认识的加深，他的行为就慢慢发生了改变。一年以后，他已经能敞开心扉去追求女性，也敢于正视新的两性关系。

像悦然这样在情感中相信爱是痛苦的模式的人并不在少数，他们会重复父母的错误的婚姻模式，就像一个跳脱不开的轮回。

有的人总会爱上自己讨厌的人，深陷其中无法自拔，总想下次绝不会这样，但是下一次还是和之前一样。有的人谈了一场又一场恋爱，总是无法与他建立长期稳定的亲密关系，每一段关系都草率结束。有的人刚开始明明是很幸福甜蜜的一对，心想，他就是那个对的人，然后不久却发生矛盾、争吵、指责，甚至发展到互相动手，最后累了、倦了、受伤了，带着千疮百孔的心结束这段关系，结果下一次恋爱，换了一个人，还是如此，陷入不停重复吸引痛苦爱情的循环中。

有一个非常优秀的女孩，她的外貌出众，气质高雅，为人又温柔大方。所以，她的周围不缺优秀的男士，但是她却只对已婚男人来电，每一次都让自己陷入三角关系中。

她的父亲在她很小的时候发生婚外情，与她妈妈离婚，与别的女人结婚，然后拒绝与她们母女联系。在她上小学的时候，她的母亲每个月会逼着她去向父亲索要生活费，父亲经常冷冷地拒绝她，要不来生活费的她总是被母亲打骂。后来母亲再婚，让她与外婆一起生活，外婆很疼爱她，与外婆在一起也很快乐，她原本以为生活会变好起来，结果没过几年，母亲又离婚了，外婆也因为年纪大，没有精力再抚养她，她又回到母亲那里，然后母亲又再婚，对她不闻不问……

在她的童年里，总是体验到不断被抛弃的痛苦，先是父亲抛弃她，然后是母亲抛弃她，再然后连最爱的外婆也抛弃了她。她内心对异性缺乏信任感，但是又非常渴望有一个强有力的男人爱她，保护她，无论发生什么事情，都会在她身边陪伴她，照顾她。最后，她再次体验到被抛弃的痛苦，可下一次她又会爱上另一个这样的男人。

所以，我们在两性相处的过程中，要找到这种心理模式，积极疗愈，才能把自己内在对于亲密关系的模式找到，从而转换负面为正面，而不要总是陷入一种痛苦的模式中不能自拔。

要想终止或者打破这种畸形的恋爱模式，需要我们先认识和了解自己，然后改变存在于我们潜意识里固有的关系模式。也许刚开始会很痛苦，但你会看到改变并没有想象的那么可怕，一点点的成功会激励你做出更大的尝试和探索，最终让你真正脱胎换骨，从痛苦的重复中挣脱出来，获得心灵的自由。

结婚意图决定婚后相处模式？

所谓意图，是比较清楚地意识到要争取实现的目标和方法的需要，这种动机是推动人去行动的现实力量。人在清醒的状态中，绝大部分的活动都是有目的的。那么，对于两性关系，恋爱或结婚其实也是有意图的，因为没有无缘无故的爱，也没有无缘无故两个人走进婚姻殿堂的。

有的夫妻的结合，并不是由于两人相爱，而是为了某种心理动机，由于这种心理动机是为了解决自己内在的心理症结，而不是为了结婚而结婚，这往往带有病态的心理，因而无法维持正常的婚姻，极易破裂。例如，有的人刚经历失恋，心里很空虚，很需要有个人来安慰，盲目草率地找个人结婚；婚后一段时间才发现对方并不是理想的结婚对象，由此滋生婚姻矛盾。有的人因对某一异性朋友感到怜悯，心里想"拯救"对方，而以"救助者"的角色跟对方结婚；婚后不久，不是发现对方难被"拯救"而感到失望，就是对方变好了，已不需其"救助"而满足不了心理需求。还有一些人或为了经济利益，或为了出国移民，或为了离开自己不太中意的原生家庭等原因而结婚，这种毫无感情基础的婚姻，心理动机不纯，也会引发各种各样的婚姻问题。

第二章 每一种爱，都是陪伴

在古代社会中，人想要生存下去，尤其是女性，就有结婚的必要性。这种基于恐惧的生存本能现在仍然存在于我们的潜意识之中。即使我们不再需要一个人陪自己共同生活，但我们仍然有想要一个稳定伴侣的原始本能。

在我看来，走进婚姻的最初意图无非有以下几个。

其一，受父母或社会的影响，觉得只有结婚才能过上正常的生活。所以，有人害怕如果没有对象、晚婚或不结婚，就代表自己不正常。用社会的价值观衡量自己，在乎别人的眼光，自我价值与安全感来自自己是否跟大家一样。父母也希望你结婚生小孩、传宗接代，或有个伴侣可以依靠。为了不让父母担心，这也成为一部分人结婚的意图之一。

而这样意图结婚的人，往往会把注意力放在对方的身上，自己的喜怒哀乐来自配偶的一举一动。在婚姻关系里自己是否开心，取决于对方有没有满足你。

这样的意图，婚后的相处模式多数以"自我"为中心，想着对方能给予自己什么，能带给自己什么，如果没有在对方身上找到自己需要的东西，就会觉得自己的婚姻是失败的。这种相处模式建立在索取上而不太愿意付出。

其二，找一个情投意合的人，完成一生共筑人生的愿景，认为婚姻是两个人最美好也最长久的事业。这样的意图会把重心放在两人的共同目标上，你的喜怒哀乐来自两人的小孩、一起创造的事业、共同进行的计划等。因为双方的比重相同，所以会在乎

公平、平等。例如，第一套房子写你的名字，第二套房子写我的名字，或者房子写你，车子给我等平等、公平的意识观念。

这样的意图，婚后相处模式多数以"我们"为中心，想着我和对方是一个整体，他中有我，我中有他。有平等公平意识，得到多少也付出多少，讲究一种对等原则。这种相处模式建立在既有付出也要获得上。

其三，是想通过经营婚姻和构筑和谐家庭达到自我心灵成长。我认为一般处于这个意图的结婚男女，都是对亲密关系抱有敬畏感的人。他们会通过进入婚姻关系分享原本就有的爱、鼓励彼此活出热情和实现目标，并支持彼此不断成长。彼此提高认知、表达真实的感受、包容、原谅、尊重自己和对方。

处于第三层次的结婚意图，我认为是最高境界的意图。婚后相处模式多数以"共同成长"为核心目标，那么凡事就会表现出宽容与欣赏，因为在欣赏和宽容对方的同时也是自己在提高，即使偶尔有矛盾也能在互信互谅的基础上，冰释前嫌，达到共同进步。这样的模式不但能维持和谐的婚姻，还能惠及整个家族。

所以，当两个人在婚姻相处过程中出现了这样或那样的问题，不妨静下心来问问自己当初结婚的意图是什么？是要找一个可以满足自己利益需要的人，还是要共同打造一份长久的"事业"，更或者说是要找到心灵的伴侣，共同成长呢？当学会了审视最初结婚的意图，再回过头看两个人之间的问题，可能就有了解决的思路。

第二章 每一种爱，都是陪伴

避免婚姻雷区，找回相处真谛

两个相爱的男女在缔结婚姻的那刻，神圣且庄严地宣誓：我爱他，不论贫穷、疾病、灾难都患难与共不离不弃。而婚后的两个人在相处过程中，像两个新兵走在雷区，随时都有踩雷的风险，相处不下去的时候才发现，宣誓像是一句玩笑一样，根本就不再做数。

《圣经》中对于爱的定义第一句是："爱是恒久忍耐。"而光有恒久忍耐就够了吗？显然不全面。因为爱不是一个单向的发展，因此忍耐也不是一个单向的过程。双向的爱才能有美好的交通，爱的真谛出现两次"忍耐"，显示出"彼此忍耐"是我们现代人在婚姻相处中需要学习的功课。

想要找回两性相处的真谛，就要先挖出影响婚姻的地雷才行。那么，在不和谐的两性关系中，究竟有哪些雷呢？

其一，对人不对事的批判和攻击。

因为人的差异性，每对伴侣都会对彼此有不满的地方，也往往因为对方是我们最亲近的人，我们通常会以最直接最不加掩饰的方式批评和评判对方。但是批评和抱怨是不一样的。如果一方时常批判对方，会让对方越来越压抑、越来越愤怒，直到某一天

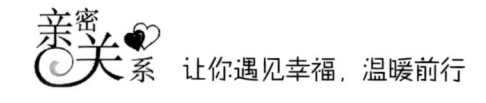

情绪突然爆发，也渐渐失去继续在一起的动力。

在我们的日常生活中，我们是不是也常不经意地脱口而出"都是因为你，才会发生这样的事情"，然后换来对方的一脸无奈。或者"我就知道怎样怎样""我都说了什么什么"……

其二，瞧不起对方的蔑视。

翻白眼、斜视、嘲弄、恶意且带有人身攻击的幽默……那种一副"瞧不起对方的蔑视"是婚姻关系里面最无知的做法。因为这样的嘲弄，你觉得无伤大雅，却深深地传递着"厌恶对方"的信息，同时也在侮辱对方的人格！

你的另一半发现你的语言和肢体语言透露着你对他的"厌恶"，一段关系就很难继续维持下去了。因为，没有人喜欢跟讨厌自己的人相处，更没有人喜欢一直被人瞧不起。

其三，充满攻击性的自我防卫。

自我防卫的心人人都有，毕竟让一个人完完全全地走进另一个人的心里，不是一件容易的事情。但是当自我防卫变成了攻击对方的借口，那就不是一件太愉快的事情了。

这样的自我防卫往往会让争吵升级，让冲突一发不可收拾，而当冲突总是没完没了，伴侣之间的亲密关系也会变质。

若是你的另一半跟你说"这还不都是你的错"！你心里是什么想法和感受？当两个人的关系变成充满攻击性的自我防卫时，感情就会越来越淡，关系也会越走越远。

其四，关闭心门，拒绝对方进入。

第二章 每一种爱，都是陪伴

夫妻间在问题出现后或者争吵后拒绝沟通、冷处理，并且在事后仍拒绝与对方谈内心的感受，这样的状况我们称之为冷暴力。

如果你对另一半筑起了高高的心墙，让对方再也无法走入你的内心，这是非常可怕的，这样会严重影响夫妻关系。

内心筑墙的行为虽然可以让冲突在当下不继续恶化，但事后若不及时沟通，会对关系造成深远的负面影响。不停地筑墙也会让筑墙的一方越来越脱离夫妻关系，直至有一天你会发现，自己再也无法从石墙里头走出来。

在婚姻中，我们要时刻警惕这四个方面，能不触雷就不触，那样虽然不一定能收获真爱，起码可以避免婚姻中两败俱伤。

相信每个走进婚姻中的人，都是抱定一辈子拥有"真爱"的目的，不然谁还要走进这个烦琐的过程中。但相爱容易，真爱相守难。想真爱，就得首先明白，究竟什么是爱？

爱一个人，我们有五个基本界定：第一，爱是一个个体喜欢另一个个体的感情，不是物质，不是给钱，如果你爱孩子，你跟你孩子说话语气是温柔的，目光是柔和的，把心中对孩子的爱通过肢体语言表现出来，表达出来的爱才是爱，埋在心里的爱只是一种想法；第二，爱是人格的平等，如果说爱一个人，却不尊重这个人的人格，那不是爱；第三，爱是无条件的，如果爱一个人有附加条件，比如，爱孩子要求孩子考出好成绩，那是爱成绩不是爱孩子；第四，爱是整体接纳，跟行为没有关系，不管你爱的

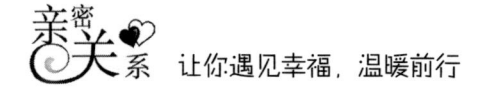

人长得高矮胖瘦，有无学识都得完整的接纳；第五，爱的有无是由被爱者决定的，如果被爱者感受到你的爱才是爱，没有感觉到爱那就是没有爱。

爱是人生最大的财富。如果真的想要一生幸福快乐，一是要了解爱的真谛，知道人的两种需求，一个是给予爱，一个是被爱。如果了解爱，就会彻底消除了抱怨，就能做到平和简单和宁静。比如下雪了，身上落满雪花，回到家里前要抖一下，把雪抖在门外。这雪好比是烦恼，我们要把它留在门外，把爱带回家。

二是基本需求上的差别。男人第一需求是性，第二需求是信任；女人第一需求是爱，第二需求是了解。

三是动力激发上的差别。男人最在乎女人的看法、被需要；女人需要被爱、被尊重。男人一旦被女人激发起来，被需要的时候，为女人付出再多，内心也是幸福的。女人找到被爱被尊重时，再大的痛苦也都乐意承受。反过来，妻子在家好强、逞强、要强，绝对不是一件好事。女人真正的智慧是示弱。聪明的女人都会示弱。女人是外柔内刚，男人是外强中干。如果女人要强的话，就会受苦一辈子。明白了两性的差别，两性间才能和睦相处。

两性相处最大秘诀是学会妥协，两性战争，是对亲密关系的严重消耗。总强调谁对谁错，一个女人给丈夫缝裤子撒娇时说，如果没有女人的话，裤子谁缝呢？男人说，如果没有女人，我们穿裤子干什么？夫妻之间没有谁重要谁不重要，要学会妥协，知道双方有差别，这就是最大的两性相处艺术。男人知道自己错了，坦率承认，这叫明智；而明明知道自己没错，承认错了，这叫妥协。

两性相处的艺术，是承认差别、尊重差别、接受差别。如果真的想要家庭和睦，就一定要记住男女两性差别，建立和谐的家庭关系，培养爱的能力。要有能力给对方更好的生活，享受到爱的欢乐。太多人都认为自己很爱对方，只要把爱的女人娶回家了，或者嫁给了一个自己认为很爱的男人，这显然是很片面的。爱是能给对方想要的生活，作为女人，如果没有爱的能力，即使嫁给一个杰出的男人，也会把这个男人折磨得痛苦不堪；作为男人，如果没有能力爱女人，即使娶到一个美丽、善良、温柔的女人，也不会让心爱的女人感到幸福。

明白了以上的这些点，才能避免婚姻走进雷区，才能明白亲密关系的真谛。

第三章

构筑亲密关系，拥有爱的能力

第三章 构筑亲密关系，拥有爱的能力

婚姻和事业相辅相成

有一句话大家一定不陌生："情场失意，职场得意。"先不论这句话是否符合逻辑推理，一个情场失意的人是很难在其他领域得意起来的。因为，家是离心最近的地方，情是一种能够伤人暖人的利器。有情则天下和顺，无情则世界灰暗。所以，我提出自己的观点，家庭和事业相辅相成，没有好家庭是不可能有好事业的。不论男女，一旦走进婚姻，如果没有对方的支持，没有坚实的后盾怎么可能撸起袖子大刀阔斧干事业呢？

比如，素有股神之称的巴菲特，很早就明白了婚姻关系的真谛。20岁时就与18岁的妻子结婚，迄今60多年的婚姻一直很幸福。每每谈到婚姻时，巴菲特都由衷地感谢他的妻子。因为有了稳定的婚姻和家庭，巴菲特将全部的时间和精力都投入到自己的事业中，创造出一个个财富神话，构建了自己的财富王国。

比如，盛大网络首席执行官陈天桥在一次电视访谈中，当主持人问到家庭的幸福与事业的成功，哪个更重要的时候，他毫不犹豫地说，他觉得家庭的成就感更大一点。"我一直都没有因为自己被别人称作所谓的首富而自豪，但我经常会为我有一位好太太和一个可爱的女儿而自豪。"

比如，马云在谈到自己的太太时也表示："她对我的帮助是

全方位的，无论事业上还是生活上，都是全力的理解和支持。"

再比如，把教育事业做到在华尔街成功上市的新东方CEO俞敏洪先生，他在媒体采访的时候也说："我事业的成功离不开有一个好婚姻，一个在背后既鞭策我又帮助我的太太。"

通过上面这些知名大佬的言论，我们不难看出，一个人事业和婚姻是相互促进的。可能有人会说了，你举的这些例子都是名人大咖，我们普通的老百姓又没有这么大的事业，即使维护不好婚姻，又能对事业有什么影响呢？还真有影响。我有一个朋友的故事给大家借鉴：

> 秦风是个普通的公司中层管理，跟妻子结婚前三年一直顺风顺水。妻子生了宝宝，因为照顾孩子失去了原本的生活圈子，她开始变得易怒，爱抱怨，对丈夫加班晚回开始变得疑神疑鬼。于是，原本和谐的家庭不是因为孩子的问题意见不合，就是因为谁为这个家付出多少的问题争吵不休。妻子认为自己带孩子做家务很累很辛苦，自己做得很多，为这个家牺牲了很多；丈夫认为自己在外面朝九晚五，出差加班挣薪水很辛苦，自己为支撑这个家做出的努力更多。于是，各说各的理，彼此不能站在对方的立场看问题，导致家里少了烟火气息，多了战火气息。秦风被家里的琐事烦心，为了避免跟妻子经常发生冲突，他更是借故加班或出差，尽量躲开家庭。心里有烦躁的他在工作中也不像以往春风得意，而且在做一个重大招标方案时，阴差阳错少点了一个小数点，导

第三章 构筑亲密关系，拥有爱的能力

致非常大的一个工程项目没有竞标成功。这一失误导致秦风被集团公司给了降级和扣除年终奖的处罚。而这样的失误给秦风造成了不小的心理压力，他把这份压力转嫁给了家庭。跟妻子发火的次数更多了，两个人的婚姻亮起了红灯。

这样的故事不是个例，而是相当普遍。如果我们能静下心来观察身边的同事和朋友，如果家庭和顺的人，心情开朗面容喜悦，说话有底气干活有活力；反之，如果你身边的同事不是做事心不在焉就是总出错，要么人际关系处理得不和谐，不用说，他（她）的后院要起火。

对于事业和婚姻的关系，有一句很形象的话：贫贱夫妻百事哀。意思是如果我们不去努力赚钱，看上去再甜蜜的爱情、再稳固的家庭关系，也会在柴米油盐的消耗中、在需要大量经济成本支撑的消费升级时代中沦为一杯平淡的白开水。但还有一句话：家和万事兴。如果我们处理不好婚姻关系，处理不好家庭，即使我们赚了很多钱，打拼多年之后有了喝茶喝咖啡的经济能力时，却发现那杯白开水已经蒸发殆尽了，早已没有了再喝的心情。

所以，我们要事业，更要婚姻。而且婚姻一定要走在事业前面。好的婚姻本来就为事业的成功增加筹码，而不良的婚姻关系则是为事业减分或者增加成本的。我们学过经济的都知道股市有个"721规律"。

所谓的"721规律"就是：股市经过长期统计，得出10个股民中，最后会有7个人亏损、2个人保本、1个人盈利。成功的投资和

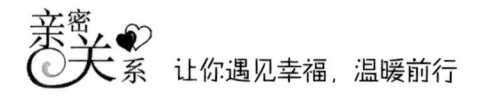

成功的婚姻，底层逻辑十分相似。

成功的投资取决于两点：

第一，买入几只好的股票；

第二，把握住买入和卖出的时机。

有一次，我们组织讲座，聘请了一位两性关系方面的资深教授。他说婚姻的成功取决于两点：一是找个好人；二是自己做一个好人。

所以，婚姻是人生中最重要的一笔"投资"，它有可能带来美满的婚姻，也可能带来一生的不幸。在正式"投资"之前，要慎重选择合作伙伴，而一旦组成家庭，就要对这个家庭负责。

有一个事业有成的人，在我们的会上给大家讲他是如何找到一位心仪的伴侣。用他的话说，他是在用经营事业的心态去经营婚姻的。我们看他是怎么说的：

我是经朋友介绍认识我老婆的，一见面就觉得她是一个非常平和的人，面相"旺夫"。在经过一段时间接触后，感觉两人有相同的价值观，我就认定这个女人可以当老婆。结婚10年来，我的事业一直都不太顺利，除了两个人的工资外，家里的"外财"主要靠股票投资收入。而我的炒股生涯也没有我预想的那样顺风顺水，做着发财梦没醒的我就被现实的残酷惊醒了。我把全部家当都投入了股市，赔了个精光。那时的我处于人生的低谷，心情灰暗，觉得前途渺茫。老婆一直很支持我，在生活上没给我太大压力。

有一天，我说："老婆，我对不起你，你嫁给我实在太委屈了，整天担惊受怕的，我赔了钱，孩子和你还跟着吃苦。"我老婆却平静地说："没事，老公，我相信你一定会再爬起来，万一不行的话，我就出去打工，赚的钱也能养活这个家。"很多年过去了，每每想起老婆说这句话时候的表情，我都会感动不已。

在老婆的陪伴和鼓励下，我重拾信心走出了人生的低谷，再造了自己的挣钱能力。而且有了以前赔光积蓄的经历，我知道我不能再盲目投资。而是要好好珍惜跟太太的婚姻。因为，没有太太的鼓励和不离不弃，没有她的辛苦付出，就不会有我后来的从头再来和事业成功。由此，我感悟到：我的婚姻才是我一生中最大的财富，是我要用一生的时间来"持有"的。我相信，很多婚姻幸福的夫妻都有同样的感受。相反，对于那些不幸的婚姻来说，婚姻可能是他们一生的枷锁，"嫁给你（或娶了你）是我一生中最大的错误"，这很可能是他们没有用经营事业的心态来经营婚姻吧。

所以，事业和婚姻一定是互相促进的。如果案例中这位先生第一次投资失败，妻子不是鼓励而是嫌弃他，他一定会一蹶不振，从此消沉，哪有勇气和机会重获事业成功？

一方面幸福的婚姻是人生重要的财富，其积极作用不可估测；另一方面，不幸的婚姻对人生的打击是巨大的。为了解决一

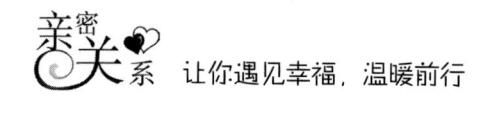

段不幸的婚姻，经常要牺牲半数的财富，更严重的是精神上的伤害。所以，经营婚姻才是美好人生的开始。

婚姻要有合伙精神

有人说两个人结了婚就是一起搭伙过日子，这个所谓的"搭伙过日子"跟"合伙开公司"类似。所谓合伙一般是指两个以上的自然人、法人或其他组织以及相互之间为了共同的经济目的明确各自的权利义务，共同出资，共同经营，共担风险的行为。结婚则是两个独立的，有完全民事行为能力的人彼此承诺要一起共同经营，共担风险的契约行为。公司合伙需要一纸公司章程，同理，结婚合伙需要一张结婚证书。

任何一个合伙人在办企业之初，内心都会有一个美好的愿景，希望公司办得红红火火，不断盈利，然后再扩大经营。没有人会想着，出资办的公司中途夭折，投资打了水漂。

在结婚之初，一男一女基于共同长久生活在一起的意愿而结合。除了政治和经济联姻外，婚姻大都是感情和信任的结合，很少有人在婚姻的殿堂想象着离婚的场景。任何一对小夫妻在交换戒指，互相盟誓的时候，都希望自己是白头到老，并能惠及家庭，繁衍后代以壮大家族血脉。

所以，根据两者的相似度，我认为，经营婚姻要有合伙精神。

试想一下，如果你是一个企业老板，有人来应聘，我们可能会问：有什么技能？能为公司带来什么？如何使自己不断晋升？

如果该员工在工作中没有什么技能，还不能为公司带来效益和价值，自身的能力和水平也不见长，我想，哪个老板也不会喜欢这样的员工的。同理，假如婚姻中我们找到的另一半也是一个既不能为家带来效益，也不能使自己不断成长，而且还是一个没有规划没有目标，当一天和尚连钟都懒得去撞的人，你能受得了吗？

比如，在日常生活中我们应该经常听到类似的对话：

先生说，你能不能学点东西，别天天只知道逛街，购物，买买买。能不能给自己充充电，别一结婚了，就像是名花有主把自己堕落成个家庭黄脸婆。

太太说，嫁汉嫁汉穿衣吃饭，女人天生就是为花钱购物而生的。比起别的女人，我已经很节俭了。我打扮得多漂亮有什么用？我不就是给你看吗？

太太说，你下了班不做家务不做饭，能陪陪孩子吗？

先生说，我已经很不错了，也就偶尔打打麻将，至少我天天回家吧，比我那些同学强。你就知足吧，我虽然打游戏，但是我至少在家啊，你看隔壁老王，天天在外面应酬啊。

很多男人和女人把结婚成家当作生活目标，这两个动作一完成，他们就按部就班等退休。他们并不觉得婚姻里必须有提升和梦想，有情绪的表达和未来的规划，就像那些把工作只当成饭

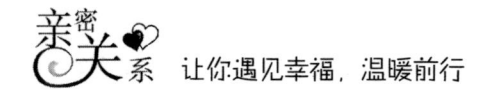

碗，做一天和尚撞一天钟的员工一样。

要办一个成功的企业，离不开合伙人的共同努力，相互促进，才能使企业蒸蒸日上；婚姻中的夫妻两人也需要共同提高，努力促进。

世界上好的婚姻都是相似的，可是不好的婚姻却是各有各的不幸。于是我就一直在想，到底美满的婚姻是什么呢？

好的婚姻应该是在各自的职位发挥自己的优势，一起学习，共同进步。在我的朋友圈里有一对让人羡慕的夫妻，他们从最初的相恋到结婚，几十年过去了，依然像最初相恋时那么和谐美好，用他们的话说，都要成了骨灰级爱人：

  陈秀是一个公司的老板，平时做事雷厉风行，处理工作上的事情干净利落，执行能力和管理能力都很强，是我们公认的女强人。最初对她不了解的时候，总以为她一定是个在家说一不二的女汉子。有一次我们聚会，她的爱人路上有些事耽搁，陈秀给爱人打电话："亲爱的，路上慢些，不急，你不来我不吃，你赶不上饭点，我给你打包。"众人很诧异，这还是那个平时管理几百人的铁娘子吗？跟自己爱人说话温柔如水，言语中体贴有加。我们想，她一定是在众人面前装的。等到他爱人到了，她起身接过丈夫手中的包和大衣，替他挂在包间的衣架上。等到服务员见人都到齐了，把饮料、啤酒等端上来，她跟服务员说："上一杯热牛奶，他的胃不太好，喝不了冷饮料。"大家都觉得这也太体贴了。

第三章 构筑亲密关系，拥有爱的能力

我们暗自猜想，她爱人一定是更大企业的老总，能让一个女人如此对待，一定职位比妻子要高得多。我们又想多了，后来在酒酣耳热之时，她给我们介绍说，老公是一个公司的普通职员。更让大家感到惊讶的是，她老公却对她的业务了如指掌。

原来陈秀和她老公是大学同学，两人在大学就开始相恋，一直到毕业结婚。刚结婚那会儿什么都没有，两个人相互鼓励，一起不断学习，才慢慢有了现在的物质条件。

在座的人向他们夫妻俩讨教经验，怎么能把婚姻家庭经营得这么好。陈秀跟大家说：我是用合伙人心态经营我们的感情。我的公司培养业务骨干很不容易，我会用一切办法留住他，才能为公司创造效益。而我的爱人，就是我们家的骨干，如果不好好爱他，万一他跳槽呢。而陈秀的爱人则说，你们看到的她是一个工作狂，公司管理者，其实她在家是更好的管理者。我和孩子们都在天天进步，生怕被她炒鱿鱼。

笑声中，夫妻俩短短的几句话，向我们道出了夫妻相处的真谛，他们都有合伙精神。

因为共同经营家庭，他们有了两个可爱的孩子，两个人都喜欢看书，喜欢看电影，他们有共同的兴趣爱好。20多年过去了，一直保持婚姻的亲密感。

婚姻需要两个人在现实、精神、财产三方面共同进步，是一种比公司合伙更亲密的战友关系。

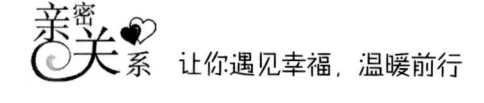

在经营婚姻关系的过程中双方不断地沟通和了解，明白各自的原则和爱好。

两个人必须坦诚相待，齐心协力，劲往一处使，只有这样，才能保证良好的婚姻关系。

相反，如果各自在婚姻关系中心里打着小算盘，或者其中一方不肯付出，在婚姻关系中只想等着享受和索取，这样的婚姻不会长久。所以，婚姻离不开合伙精神。

生活中不能将伴侣理想化

不可否认，每个人都希望自己的伴侣热情而值得信赖，忠诚而富有激情，迷人而令人兴奋，富裕并有权势。然而现实的境况往往是，富裕而热情的人，不一定值得信赖，忠诚的人又不一定迷人，浪漫的人不一定多金。

假如问那些没有结婚的人，"理想的伴侣是什么样子的"？一定会听到五花八门的答案。比如女生会说，"一定要高大英俊啦，笑起来有酒窝啦，手指修长匀称啦"；男生会说，"当然是漂亮啦，身材好皮肤好啦，说话声音好听，安静的时候像个小可爱，最好别太作啦，别太活泼啦"等等。可是，如果有时间追踪的话，等到这样的女生和男生结了婚我们再去调查或随访，不一定会是高大英俊的，也不一定是手指修长的，说不定恰恰相反找

第三章 构筑亲密关系，拥有爱的能力

到的是矮胖型的老公。男生也说不定找到的是河东狮，而且还乐得屁颠屁颠的。

为什么没有结婚前理想的伴侣，到了结婚后却没能如前所愿呢？年轻的时候，每个人都会为未来和自己携手一生的"某一位"设置各种条条框框："不能娘娘腔""必须要浪漫""懂幽默，又不能太贫嘴"……

等到真正能让一个人在婚礼上对着彼此说出"我愿意"的那个人，其实并不是一开始预想的"理想伴侣"。因为，任何一个让某个小男生小女生心动的外在表象，并不是吸引对方的内在特质。化学反应往往短暂而无常，标准更是会随着年龄和阅历不断变更，而只有满足彼此内心深处的需求（诸如渴望被欣赏、被关心、被照顾……），这样感情才会牢固而持久。

所以，这也是我为什么赞同阿德勒的观点，不能将伴侣理想化。

在婚姻中，经常出现这样的现象，"如果你爱我，我又对你不是很满意，我就会想在结婚后，我来改造你，把对方改造成我想要的样子"。很多人是带着这样的幻想走入婚姻的，认为婚姻是一所大学校，自己来当校长，学生就是你的爱人，你可以把爱人任意塑造成想要的样子。结果，婚后发现，对方根本不服从你的改造，如果要强行改造，就会导致夫妻矛盾升级，甚至离婚。

其实这样的情况就是一种把伴侣"理想化"的做法。在心理学上，把伴侣理想化是一种偏执型人格特点。就是我一定要对方按照我所认为的对的和好的方向去改变和调整。

亲密关系 让你遇见幸福，温暖前行

我接待一位有过四次婚姻的女士，她来咨询我的时候，即将面临第五次婚姻，而当时的她是单身的身份来的。记得她说："我是一个十分讨厌婚姻的人，因为男人总是让我一次又一次失望。"

从她第一句话其实我已经解读出了她的心理动向。其实，她是一个十分渴望婚姻的人，而且她对男人依然没有失望。如果一个对婚姻绝望的女人，她是不会在面临新的第5次婚姻之前做心理咨询和治疗的。从她的叙述中，我得知她是一个十分追求完美的人。她讲起自己的四任前夫，都能数出他们每个人身上的缺点。比如，第一任，人几乎完美，就是因为太孝顺，让她感到厌烦。每次遇到他的父母有事，她就会被当成局外人一样对待，他能第一时间到父母身边，而全然不顾妻子怎么想，所以过不下去离了。紧接着，第二任丈夫是个酒鬼，爱酒胜过爱她。第三任丈夫是个出轨成瘾的渣男，所以在她忍了不到两年，就坚决离婚了。第四任丈夫钱挣得不多，早出晚归不顾家，争论起来还大男子主义，一点儿也不知道疼惜女人。所以，她又干脆逃离了第四次婚姻。我听着她历数男人的种种不是，身为男人的自己当时内心被触动了。她描述的这些男人的不完美或者是不理想，其实哪个男人身上没有呢？堂堂七尺男儿，不孝父母天不容呀。男人不喝点酒也不可能呀。至于大男子主义挣钱少，这更是一棍子下去打死一片，躺着中枪无数呀。

第三章 构筑亲密关系，拥有爱的能力

实际上，我分析了这位女士的性格和心理特点，她属于典型的过分追求理想化。在进入每一桩婚姻之前，她是有期待的，但是婚后男人偶尔出现了哪怕一点点不算问题的问题，她都可以上纲上线，认为是不能饶恕的大错，这样便把她一个人过成了四不像。她的人生和婚姻被切割得支离破碎。最后，我劝她做不好心理调整，最好不要盲目走进第五次婚姻，因为一个人太将伴侣理想化本身就是偏执的，这样的人，保不齐会有第六次、第七次……甚至更多次的婚姻失败。

其实，维护婚姻就是一个"去理想化"的过程。一旦进入婚姻，人要学会重新为爱情定义而非继续放大建立在激情基础上的爱情，因为后者无疑会成为好的婚姻的巨大阻碍，哲学家尼采甚至公然提出，爱情和婚姻必须截然分开。就连阿伯特也无法在书中明确告诉人们婚姻究竟为何物。她只能说，"它如此神秘，反映出我们对婚姻理想面貌的热切探寻"。而人们一直认为的"婚姻应该是一生的承诺、彼此尊重和爱恋"，也在实质性的婚姻生活中引发了"不可避免的厌倦和冷淡"。

之所以人们对于婚姻有了金婚、钻石婚的美好愿望，是因为，结婚第一年，往往被称作"纸婚"，然后是棉、铜、银、金、钻石婚等。这就是说，以这些不同名称来说明婚姻越久越坚实，越久越珍贵。

所以，在日常生活中，我们不能将伴侣太过理想化，我们对婚姻抱有的期许越少，我们越有可能获得一个好的婚姻。

亲密关系 让你遇见幸福，温暖前行

夫妻之间，不需要权威

一个妈妈以过来人的身份教育刚刚结婚不久的女儿说："家就是江山，谁厉害谁掌大权，既掌经济大权，又有话语权。"

这样的思维似乎也代表了绝大多数妈妈的期望，或者说女人的期望。我这样说，当然不是歧视或对女性存有偏见。而是就一种人们固着的心理信念得出的些许认识。因为，在任何一个女性看来，想要在一个家庭收获稳稳的安全感，不外乎既能管住老公的钱包，又能管住老公的身体嘛。很多时候这种认识是正确的，但不排除也会由于过分在意男人的钱，以及想在家当"妻管严"，走向了另一个极端，就是想要在家里扮演权威。

假如一个女人向外人说，"我家那位，我叫他站他不敢坐，我指东他不敢朝西"，或者在家里把男人指使得像皇后娘娘指使公公太监一样吆五喝六，男人既要入得了厅堂也要下得了厨房，外带还得会打洗脚水，能暖被窝。这样的一个河东狮放家里，这不像是老婆，更像是狼外婆。

假如做丈夫的是大男子主义，时时处处展示出一种权威性，成天脾气暴躁，指手画脚，总想驾驭家庭中的所有分子，稍不遂意就"山雨欲来风满楼"，全家人小心谨慎地侍奉，小心谨慎地服从，伴君如伴虎，家庭还有什么"避风港、风雨同舟"的幸福

第三章 构筑亲密关系，拥有爱的能力

可言！

　　这样的男女倒是都过了权威瘾，都让对方俯首低眉，但这不是幸福婚姻的样子。因为和谐婚姻是举案齐眉而不是俯首低眉。婚姻家庭的意义，是两个人的共同结合以谋求相互的幸福，也包括孩子的幸福，甚至是其他家人的幸福；是伴侣式的结合，两个人都不应该想驾驭对方。

　　我接待过一个闹离婚的小夫妻，原因就是出在家里谁掌权，谁说了算上。婚前，丈夫为了讨女朋友的欢心，满口答应结了婚一定都听她的。丈夫还信誓旦旦地说"将来，你的钱是你的，我的钱也是你的"，而婚后不到半年，妻子就因为丈夫不按时交工资卡，家里的水费电费不按时去交开始生气。因为在这个妻子看来，丈夫不能说话不算数，再者她从小生活的原生家庭里，就是母亲掌管经济大权，父亲每个月不论开多少工资，都会如数交给母亲，然后再想花钱，再跟母亲讨要。她觉得那样的母亲才是真正的女主人。因为母亲管的家好，父亲从来不乱花钱，而且一辈子相安无事。后来妻子试探过丈夫几次，老公都把话题转移过去，最终妻子生气了。"不是说好结婚以后工资卡交给我，我管钱，你管赚钱吗？"妻子直截了当，禁不起妻子的再三索要，最终丈夫还是给老婆大人上缴了工资卡，然而他的心里一阵空虚。

　　再后来，丈夫的母亲生病需要做个全身体检要用钱，这个时候妻子说什么也不出这份钱。她说，老人有退休金也不

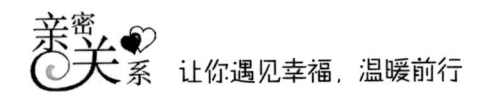

缺这点儿钱,应该自己掏医药费。而在丈夫看来,老婆这样做不但限制了他的经济自由,还限制了他为父母出点力的孝心和义务。

为了避免跟妻子发生冲突,背着妻子丈夫去银行开了个信用卡,并透支了一部分钱给母亲看病。事后,这位先生虽然尽了孝心,但却惹恼了家里的"经济掌权"的妻子。妻子开始吵闹,她说一个家里只有一个人能对钱说了算。尤其她是管钱的,不能不经她同意就私自开信用卡,私自花费。

丈夫也很委屈,你可以在家里掌经济大权,但也要有个度,知道哪些钱该花,哪些钱不该花。于是两个人的矛盾开始升级,最终闹到要过不下去。

这个案例不是特例,很多家庭夫妻俩之间,要么丈夫扮演"权威人士",只要妻子挣得少或者不工作,就开始摆大爷的谱,什么都要明算账;要么就是妻子扮演"权威人士",只要钱落入她的手,她可以自由支配,男人想要就成了乞讨,说尽好话,赔尽笑脸也不见得能要出来。

每个家庭的状况都不一样,有些人的原生家庭可能是父亲或者是母亲一方掌管经济大权,那么在自己组建的家庭中就可能延续这样的一种方式,他们已经习惯了这种模式,会感觉这种方式是正确的。假设原生家庭中,一个家庭是母亲掌管经济大权,另一个原生家庭是父亲掌管经济大权,在这样的情况下两个人组成家庭,夫妻就可能产生矛盾。

第三章 构筑亲密关系，拥有爱的能力

另一方面的原因可能是因为某一方缺乏安全感才会去掌管经济大权，在现代家庭中，男性相对来说是家庭的经济支柱或者是一个重要的来源，那么妻子就有可能相对缺乏安全感，她就想把经济大权揽在手中，来保障自己婚姻的稳定，让自己有一种安全感。

这样的话，夫妻俩会因为在家里地位不平等，慢慢就出现了更多的不平衡。在我看来，夫妻两人在日常生活中，是不需要多么大权威的。有商有量的日子，有合理的收支计划，共同计划着去支配经济和话语权才是最好的。

因为，权威的建立在自己最亲近的人心中最难，中国有句古话叫近亲无伟人。夫妻之间树立权威是比较难的，两个人在一起生活一辈子，没有什么绝对的权力能管辖别人，你在对方心目中的地位怎么能上升？或者如何让对方发自内心去尊重自己，自己讲的话对方都很认同，这是很多夫妻都感到困惑的。

婚姻的本质是合作，因此，不能抱着驾驭对方的态度去相处。这一点是非常值得我们注意的。权威并不是家庭生活中的重点。如果在家庭中，只有一个人成为大家关注的焦点，那一定不是什么好事。假如家中有一个粗暴的父亲，他一心想要维护自己的权威，那么，家中的男孩也会模仿父亲的作风，而女孩就会感觉被伤害了。步入社会后，女孩会认为婚姻是一种驾驭和被驾驭的关系。如果母亲在家里享有统治地位，每天都指手画脚，那么形势就会发生逆转。女孩会以此为榜样，变得尖酸刻薄，男孩却一直处于防御的状态，抵触批评，并且显得非常温顺。而且，

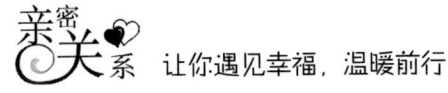

不仅母亲会这样，姑姑或姐姐也会形成这样的习惯。这样的后果是，男孩会变得怯懦，不喜欢参与社交。他们害怕异性唠叨和尖刻的行为习惯，所以他们会尽量远离异性。没有人喜欢被人指责，倘若一个人总是想着如何避免指责，那么，他的生活就会受到影响。他会将这样的习惯运用到生活中的每件事上，还会考虑："我到底是征服者还是被征服者呢？"他们会变得不懂友情，因为他们时时刻刻都以战胜别人为目的。

有时候夫妻之间需要修炼一种境界，就是你越不使用权威，对方反而把你的话当圣旨，你越尊重对方，对方就越在意你。这样，才是一种真正不怒而威，让人从心里佩服的权威。而且夫妻在家里的权威会对孩子产生很大影响。比如，一个好的父亲，无论是对于妻子、子女还是社会，都是一个好的合作者。他必须平衡好三种关系：职业、友情和爱情。他一定是公正的，并且担负起照顾家庭的责任。他一定不会去贬低妇女对家庭的重要意义，而是和她建立良好的合作关系。每位男性都应该清楚，如果他过分地强调男性的权威，就会让妻子产生抵触心理，并害怕自己受到压制。也不能因为妻子挣钱的能力弱，就认为自己处于上风。不管妻子在经济方面是否对家庭做出很大的贡献，假如家庭生活是美满和睦的，那么谁来养家，其实并不重要。

我要讲一下我的故事。

我的母亲是一位十分勤劳节俭的人，家里的每一次支出她都会精打细算，而且花在孩子和父亲的身上的钱永远比花在她自己身上多。她把自己在家里的地位放得最低，然而，父亲却很放心地把钱交给她管。父亲常说，男人是个耙子，女人是个匣子。男人要挣钱，女人要管钱。母亲说话柔声细语，从来没有在家庭里说过什么，但骨子里我却看到了她的另一种美，就是这种美，让父亲总是很惧内。但父亲却说，世上怕老婆的男人都是有智慧的男人。因为那不是怕她，而是一种发自内心的尊重和爱。

所以，夫妻之间不需要权威。如同阿德勒说的那样，婚姻也是一种社会关系，也讲究互相促进和合作，平等的基础上才能合作得更顺畅。

夫妻二人要各司其职

老祖宗说，日为阳，月为阴，天为阳，地为阴，火为阳，水为阴，男为阳，女为阴，对不对？白天，太阳炙烤着大地，阳气十足，正好捋起袖子干活；深夜里，月光洒满屋檐，又凉又冷，寒气逼人，只能盖上被子睡觉。至于天与地、水与火、男与女，更是阴阳分明，各有各的特性。何谓特性？阳者刚，阴者柔。然而单是阳，太刚太硬不行；单是阴，太柔太弱也不行。阴阳就得搭配一起，还要各尽其能，各司其职。比方男女结为夫妻，向来

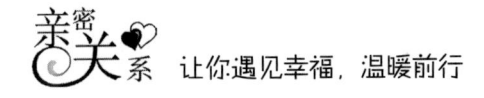

都是男主外，女主内；男人养家，女人持家。

虽然随着"男女平等""妇女能顶半边天"的口号提出，很多时候男的女性化，女的男性化的现象也有，但起码的阴阳还是不能颠倒。

近几年女性崛起，是中国社会发展的一个现象。现在女性在生活中越来越独立。反而一些男性却越来越宅。这说明，女人不再依靠自己就能够独立生活的强悍，没有了之前的小鸟依人的温柔感，没有了小女人黏人时的娇弱。可一旦缺失了那份依赖，男人感觉无所适从，觉得自己没有价值感，心中难免失落和不满。

著名情感专家康纳先生说过："男女平等应该是建立在男女性别优势后的平等。你自身有的优势你不能要求你的伴侣享有。"男生跟女生之间的差距极大，所以爱人之间的分工，需要认真分清楚。而作为女生，要懂得怎么去做一个真正的女生，不能因为说爱他，就包揽了该他做的事。

其实，夫妻关系不好的根本原因是："男人想把女人变成男人，女人想把男人变成女人。"例如，男人不喜欢女人唠叨，女人的本性是爱唠叨，遇到事情就一直唠叨，因此就出现了男人在家里对女人说："你少唠叨点行吗？"一听这话，女人就会更唠叨了！因为在女人心里，她认为你不认同她不爱她。如果男人在家里和女人说"老婆，我就喜欢听你唠叨，来给我唠叨几句"，女人往往就不再唠叨了，因为她认为你认同她，你爱她。再例如，女人最喜欢男人回家和她聊天，男人的特点就是回家后想安静待着，老婆孩子最好不要打扰他，这时候女人就会对男人说：

第三章 构筑亲密关系，拥有爱的能力

"在外面话那么多，回家就不说话，你把家当旅馆啊？"男人听女人这样说，就会变得很沉默，更加不愿意说话了，等女人这样的话说多了，男人就会抛出一句"你烦不烦啊"，如果女人认同男人的观点，等男人回家后，女人说："老公，累了一天了，你好好休息吧，看看电视和新闻，我就不打扰你了。"你会发现，你的男人会慢慢地越来越和你说话。这样的案例非常多。

有一对夫妻日子过得鸡飞狗跳。用妻子的话说"他太不像个男人了"。而丈夫紧跟着回应一句"你就是个女汉子"。

原来，在结婚之初，女人大大咧咧风风火火，男人正好是那种腼腆内向型的。两个人以为结婚正好互补。最开始倒是好的，的确挺互补。家里，女人大事小事爱出风头，而男人则喜欢凡事隐忍。他们之所以最后闹到要分开的地步事出有因：男人带女人出去看电影，结果因为迟到了他们的座位被别人给占了，电影已经开始，丈夫为了不打扰别人就选择了两个靠后的座位去坐，但女人却不依不饶，说自己的丈夫不像个男人。不敢去跟抢座位的人理论。结果该女子拿出了一副"男子汉"做派，高声厉色去跟那两个坐在自己座位上的人理论，最后发展成了争吵，引得看电影的其他观众十分不满，最后她和丈夫都没有心情看电影，闹得不欢而散。女人骂男人胆小懦弱，男人骂女人好出风头，胆大无脑。

后来，又发生了一件事。在餐厅用餐，因为发现菜里有

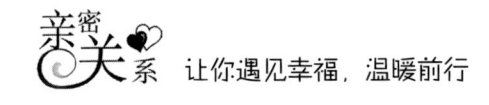

不干净的东西。先生选择了和颜悦色找服务员理论，最后给调换了一盘菜，而女人还是不够解气，认为自家男人处理问题像个女人，优柔温和，于是她找了饭店经理，要求赔偿菜价并打折。最后又以双方争得面红耳赤收场。女人越来越看不惯男人的懦弱，男人越来越觉得女人太爱出风头，爱无理取闹。

所以，想要好婚姻，男女必须共同学习。男人像山，女人像水，男人用山的"担当、责任、厚重"来要求自己，改变自己；女人用水的"温柔、爱心、上善若水"来要求自己，改变自己。女人的至柔能够激发出男人的责任感，男人的至刚能够让女人更温柔贤惠。因为女人感性，"当女人管理不了自己的时候，就没有人能管得了她"。

尤其，中国近年来女性地位不断提高，将女性特有的柔情和风韵尽数改变。

一个女人如果在感情中，把自己当成男人来相处，那么就免不了有会被抛弃的危险，因为男人面对自己的另一半，是为了能够满足自己内心最深处的需求，从爱人身上得到被需要、被崇拜、被认可的渴望。但是你把他该做的事情给做了，角色反转，这并不是爱他的表现，而是给予了他一个抛弃你的理由。同理，男人也是，要有男人的气概。不要把自己作为雄性的特征给渐渐隐藏起来。在我看来，男性最有魅力的特征就是身上具备的阳刚之气。这种"气"不是打妻子骂孩子，而是以下三种。

第一，性刚没脾气，不发脾气。对自己心爱女人发脾气是男人无能的表现。发怒的"怒"字，上面是一个奴隶的"奴"，下面是一个"心"。当心被奴役了，你就失败了。再加上男人上火也不好。古人创造的字，火上火，就是炎症的"炎"字。第一个火本来是我们身体的正常温度，保证我们生命的。再加一个火，就要生病。

男人怎样才能消火呢？就要借水。古人说，"上善若水"。这个水是谁呢？就是女人。女人要性柔如水。这就是幸福家庭应有的关系。炎症的"炎"字加三点水，就是淡定的"淡"字。男人是家庭的支柱，在家庭中处于重要的位置。男人若不能淡定，整个家庭就慌、就乱了。所以，男人要做到和气，不能发脾气，要淡定地处理日常生活中遇到的事情。

第二，男人要做到心刚没私欲。什么叫私欲？男人一定要明白，对待岳父岳母要像对你爸妈一样。如果你对岳父岳母不好，这也是不明理！你要明白，成功男人的后面必定有个贤淑的女人。你想得到女人的帮助，就要爱她和她的家人。

人家父母养女儿不容易，养个女儿20多岁，嫁到你们家里，把心头肉、掌中花交给你了。她离开了自己的家人，来你们家，已经做出很大的牺牲，你要是对待她爸妈好一点儿，她爸妈还想"自己女儿眼光不错，选的女婿还挺好"，这父母一喜悦，你太太就会旺你。

有的男人可能要问了："你看我老婆旺不旺我？"我说所有女人都旺夫，关键是你这个丈夫值不值得人家旺你。你不懂得

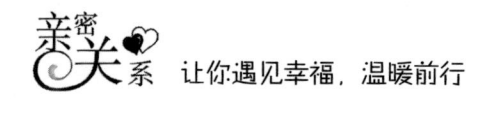

照顾家人，不懂得孝敬自己的父母，不懂得孝敬自己的岳父、岳母，那女人怎么旺你？

第三，身刚戒掉不良嗜好。这个不良嗜好会严重影响我们的生活，我们要控制好自己的身行。

家里有个好女人，家就平安了。家里有个好男人，家就兴旺了。国学专家陈大惠老师说过一个观念，大家也可以思考一下，男人是风女人是水，夫妻和谐就是上等风水。你看风遇到了湖泊，微风一吹啊，这个水面是特别的漂亮，这种景色是每一个人向往的。要是水久不遇风，就变成臭水沟了，人会掩鼻而过；要是风不遇水，久而久之，变成了狂风就会害人。所以风水并不神秘，就在我们身上，好的婚姻来自夫妻各安其位，各司其职，阴阳不能颠倒。

从"武林争霸"看夫妻相处

江湖是什么？武侠小说中的江湖深不可测，各门派有不同的绝招、禁忌，很多人都喜欢看武侠小说，金庸的小说我相信很多人都看过。人们对小说中的角色都充满了好奇，小说中的主角面对不同的人物，该要怎样应对如何拆招都是满满的智慧。

到了成年后，有一天我突然惊觉，现实中的夫妻生活就如小说中描述的江湖一样，难搞的婆婆、挑剔的岳父、尖酸的姑嫂、抽风的舅爷、闪现的前任、无所不在的小三，两人世界中，魑魅魍魉纷纷出笼。好多好多匪夷所思的事情都在我们的生活中一一出现，回首婚姻生活十余年以及临床心理咨询的经验，只能感叹江湖生存不易，应对都是智慧，得失都是血泪，魑魅魍魉横行。

进入围城之前，我们每个人都是江湖浪子，一个人行走。在离开家门或是从校园离开时每一个人出发的目标都是不一样的。有人追求着事业的成功，有人只要有一日三餐的温饱，当然也有人想着要改变世界、扭转乾坤。每一个人的初心都是不一样的，一路走来会经历很多的事。当两个陌生人走到了一起，确定了关系结发成对后开始了在同一口锅里吃饭，同一张床上睡觉后，原以为可以从此过上公主与王子的幸福快乐生活，但一切也因为有生活中的柴米油盐酱醋茶的调味，渐渐有了不同味道。就像明明一个和谐的武林，因为有了不同级别的武功，他想称霸，你想扬名，非要争个高下，才会风起涌云，斗智斗勇。

夫妻之间亦然。夫妻之间也是一个江湖。男人和女人相爱相杀，相生相息。人间百态，是非纷扰，爱恨交织。处得好则是庄子的理想世界"相濡以沫"，处不好则是"相忘于江湖"。

在我看来，以江湖武林来看夫妻相处，是因为两个人关系的建立从来都不能也不会只是单纯的两个人，尤其是夫妻或是伴侣的关系，牵扯着的是包含了彼此的原生家庭、成长环境、教育背景以及对未来是否有一个共同的目标。

两个人的相处是多种变量的总和呈现，每一个外力都可能会产生不可预料不可掌握的裂变，有时甚至只是一句云淡风轻的玩

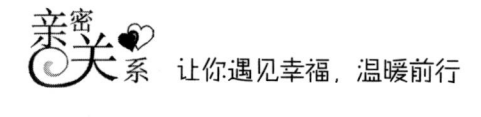

笑话,却因为时间、地点等的巧合,一下就点中了对方的死穴,造成了永远的伤害与遗憾。

综观中国独有的特殊国情,中国男人自古受到社会文化的压抑,被教育及要求"男儿有泪不轻弹",天生不善于疏通情感上的挫败,若再加上有个宠爱儿子的妈妈,从小呵护备至,当有另一个女性介入了儿子与妈妈的亲密关系时,才让男人猛然发现,两个自己深爱的女人撕扯起来竟然可以下手如此之狠,刀刀见血。中国特有的"婆媳关系"是国外的文化所不能理解的,也是中国夫妻及伴侣关系中一个重大的变量。即使是只有小两口住在一起,但事实上,两个人的江湖从来不是只有两个人。

高手云集的武林,谁才是最后赢家?当然是强强联手胜算概率大,更能稳固霸主地位。婚姻家庭同理,夫妻同心,其利断金就是这个道理。我认为,婚姻真谛不在于武林争霸,而在于联手打天下。怎么打?要掌握三点要素。

在心理学的理论中有一个爱情三角理论,分析了爱情的结构,圆满的爱具备三个元素:亲密、激情与承诺。亲密是指彼此的熟悉与了解。激情指的是双方能激起火花的化学作用。承诺的意思是愿意为对方许下诺言并付诸实践。

当年我还是青涩少年时,课堂上讲到爱情心理学时,眼睛为之一亮,在那个网络不普及的年代,特别跑了几个图书馆,抱回了厚厚一沓的数据资料,心中想着只要有这些数据操作手册,以我IT理工男的专业背景,我只要学好了对方出啥招我就用哪招应付,行走江湖肯定一点儿问题都没有。

第三章 构筑亲密关系，拥有爱的能力

但就在我志得意满地学成下山时，却被对方一招击垮，顿时狂奔至天台怒喊着"这一切都是骗人的"。

所有的理论都只是理论，在实践经历上需要的是融会贯通及多方的综合表现，毕竟在临场对招时，是不会有空当让您拿出理论秘籍来比画的。

我相信就算有"九阴真经""九阳神功""葵花宝典"这些武功秘籍存在的话，书中也一定没能教会你怎样判断分析出原来故事中的大恶人是成昆，更不会教你如何上馆子吃饭辨别有没有苏丹红，也不会教你怎样防范小人的暗算。

所有的理论老师都没有教怎样应用与实践，这爱情三角形到底与我们有啥关系，怎样用呢？我想这爱情三角形不该只是用来"验伤""验尸"使用的，不光只是用来判断我的爱情是没有亲密而成了亲情，或是用来判断因为没有激情与承诺所以恋情告吹的，它应该是有更多的积极意义的，全然我就把这种爱情三角形当成一本"江湖秘籍"来传授一下。

首先是亲密。亲密的程度最简单的表现就是你现在是否知道对方喜欢什么，想要什么。如果你发现你无法想到对方现在喜欢些什么，那也代表着你们两口子在亲密度上有了疏离的问题发生。我有意强调了"你现在是否知道对方喜欢什么"中"现在"一词，是因为，若不把握当下，所有你以为的，终将是你以为的而已。

在我临床咨询中有个故事是这样的。来访的一对夫妻，老公说在衣橱中有着近百条领带，都是老婆在婚后各个生

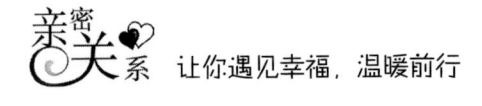

日、情人节、圣诞节送的。这位花甲男士略带着情绪说着，估计将来他死了，每年生辰祭祀时，他老婆都会烧领带给他！而他早就20多年没打过领带了。

另一个故事则是：一位太太带着无奈的口气说，她这些年来所有收到的礼物都是厨房用具，比如果汁机、烤箱、微波炉、五件套的刀具、不必放油的炒菜锅……还有最新流行的"神奇拖把"。

这两个故事中，都知道给配偶送礼物，但却不关心是不是对方真正喜欢或需要的。

其次是激情。这个通过字面我相信大家也能略知一二。就是两个人彼此间相互爱慕的程度。不要他看你黄脸婆，你看他糟老头，互相看不到对方身上的长处，嗅不出对方身上透出的荷尔蒙。没有激情的相处模式就是危险的信号。

最后是承诺。比如，夫妻之间，想送对方一个礼物，那么会花时间亲自去挑选并亲手送到对方手里吗？还是想着"反正都老夫老妻，他啥也不缺"或是"我就给她钱，自己买不就好了"？

还是不用花心思，浏览一下购物网站顺手点两样放进购物车呢？我想以上的两点也将是影响最后一点激情的变量，只要有一点点的改变，爱情的火花也是能够再燃起的。假如让大家就夫妻之间送礼物这件事谈谈，我想大家一定会有很多的话要说。比如，一个人费尽心思，对方却用一句"干吗买这么贵的东西"给泼了冷水，导致买东西的一方再也提不起买东西的兴趣。这种情绪上的落差，加上不被理解的心理，就会把本来有的激情减退。

比如，上面故事里，一样是神奇拖把的故事，老公是精挑细选了符合人体力学，不必弯腰拖地的科技产品，因为他心疼因为腰疼贴着药布的老婆。但在还不理解老公的用意前，加之腰伤或是生理期情绪影响等等因素，老婆看到了神奇拖把后，大发雷霆，非常准确地启动了老公战斗模式，两人立马进入了武林争霸的环节，一发不可收拾。因为不理解也就会产生误会。

在临床上我常会提问的一个问题，您觉得您的婚姻像什么？有些人回答就如一潭死水。而大部分持这种观点的人，对婚姻还有着较高的期望。其实，就算婚姻现在是一潭死水，如果我们动手种点莲花，养些金鱼，我想是能有些改变的。

以我个人十余年的江湖经验及数次拜读金庸小说总结出了几点，所有大侠在练成神功之前，没有一个人没有被对手打到快死的经验。所以，这个结论告诉我们，行走江湖被修理是很正常的，而学会在江湖中自由行走，并能让对方得以提升，这才是行走江湖要练就的本领。

夫妻这两个字是否变得沉重？爱情，或许死于未成眷属的遗憾，或许死于终成眷属的厌倦。在夫妻的江湖里，唇枪舌剑亦能伤人；彼此的生活习惯和价值观念在平淡的生活中亦能激起惊涛骇浪。漫漫江湖，甜蜜的时候，让人心醉神迷；吵起架来风云四起；冷战起来则是冷若冰霜……我们，会一起变老吗？

婚姻里没有杨过与小龙女。只有烟火凡人柴米夫妻。唯愿青山不改，绿水长流，此情绵绵，爱无绝期。谁不是来自山川湖

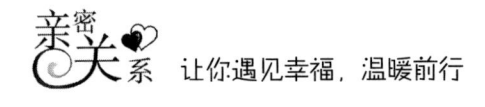

海，却囿于昼夜、厨房与爱。即使我们心中有过诗和远方，最终也还是因为不舍某个人，而甘愿伏身红尘。

从"唇枪舌剑"找吵架真相

如果夫妻是江湖，那纷争自然少不了。在我的心理咨询课上，问过学员，夫妻之间有没有相敬如宾，不拌嘴吵架的？一片沉默。接着大家就开始"呵呵"。这一声笑，其中有深意。因为行走江湖多年，深谙夫妻之功力。单不说身手，光这嘴上功夫，我想每一个围城中的男女都能说上一箩筐。不吵架能是夫妻吗？那究竟为什么会吵架，这才是我们需要了解的真相。

世界上大部分的夫妻之间在处理关系上，无非是在"表达爱"或"索取爱"。如果一个人开始表达爱，另一个人也开始表达爱，那么爱就会越来越多。反之，一个人在索取，另一个人也在索取，就会进入不断索取而爱越来越少的负面循环。在我看来，夫妻之所以吵架，很多时候起源于不会好好说话。

比如，本来丈夫只是想让妻子关一盏灯，调节一下房间内的亮度；却不能好好说话，一开口便是：你开那么多灯，不浪费电吗？就不知道考虑下别人！

本来妻子只是想提醒丈夫：外面下雨了，如果在家尽快收衣服；电话打过来，却成了质问：你在干吗？外面下雨知道不？还不赶紧把衣服收了!

本来丈夫只是想建议妻子,这条路上直行更安全;话到嘴边却成:怎么开的车,怎么随便变道!不要命了吗?

由此可见,同样的话以礼貌、温和、留有余地、为对方设想的方式说出来,收获的是另一方的感激、体贴、关怀;而同样的话以简单粗暴、满含指责,甚至人身攻击的方式说出来,收获的则是对方的怒火和拒不行动。

有人说情侣或夫妻因为长期相处难免会产生矛盾,没有不吵架的情侣或夫妻。这话看起来确实非常有道理,也符合实际的情况,看看身边的那一对对情侣和夫妻,很少有没红过脸没吵过架的夫妻,所以我也一直视夫妻吵架为正常现象,觉得没什么大惊小怪的,甚至认为那根本无伤夫妻感情。事实上,我们都在不知不觉间陷入"从众"心理的陷阱,认为在大多数人身上发生的事或大多数人认为是正常的事就必定会是正确的。

可事实果真如此吗?真理就一定站在大多数人的一边吗?仔细想一想,真的未必。情侣或夫妻当然是存在差异的两个个体,既然存在差异就必然会产生矛盾,但有差异或矛盾不等于就一定得吵架,矛盾与吵架是两个概念,而我们往往混淆了它们的区别。夫妻有不同的想法,存在不同的观点,甚至有矛盾和冲突都是很正常的事,无论夫妻有多么的相爱或默契,总会存在看法或观点的不同,有时自己跟自己还会有思想斗争呢。但存在不同意见不意味着要通过吵架来解决,吵架只不过是解决这种差异和矛盾的一种手段罢了。

让你遇见幸福，温暖前行

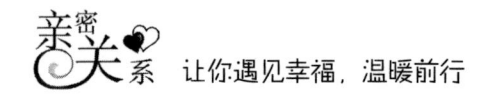

如何不用"吵架"就能解决观念不同导致的冲突才是关键。

小月的老公出差了，走两天。当时正好是三伏天的中伏，每个人都像羊肉串一样被烤着。结果老公走的第二天小月家里空调就坏了，小月就给丈夫打电话说，空调坏了，我是直接打电话叫人来修理还是等你回来看看。

她爱人说："我明天下午就回来，你们今天就在另一个房间睡，我回来看看是怎么回事。"小月说好。

等她爱人回家之后，就搬了个梯子去修空调了，修了几十分钟，浑身是汗，结果空调依然没有修好。他越弄越烦躁，最后彻底放弃了，从梯子上下来。小月问他怎么样，修好了吗？

她爱人此刻心情很烦躁，劈头盖脸就对她说"我在家天天用空调都没坏，怎么我刚走，你就把空调弄坏了！"

小月一听，又委屈又生气，心想，这么说太过分了吧，空调正好这个时间段坏了，只不过我碰上了，怎么是我把空调弄坏了！

于是小月刚想反驳，突然看到老公满头是汗，手上、身上全弄脏了，她马上意识到，如果这时候顶过一句狠话，势必会换来丈夫更过激的话，不如换个说法，于是小月没有攻击自己的丈夫，而是递了一条毛巾给他并说："我也不知道怎么搞的，空调跟你一起出差了。"说到这里，小月自己都忍不住乐了，丈夫抹了一把汗，也乐了。脸上本来有些因空调修不好而恼怒的表情也一点点舒展开来。本来就要爆发的一场争吵，因为小月一句调侃化解掉了。丈夫也意识到自己刚才的说话方式不对，于是对小月说："对不起老婆，我刚才不应该指责你。"最后两个人一致决定，给空调厂家打电话。

试想一下，如果那一刻小月没控制住自己的情绪，任由自己的情绪爆发会怎么样？当她爱人对她说："我在家天天用空调都没坏，怎么我刚走，你就把空调搞坏了？"

小月说："你有毛病吧？这种事儿能怪我吗？你有本事你不也没把空调修好吗？"（狠狠一戳，正中靶心）

丈夫被戳中了本想掩饰的部分，更生气了，说："我跟你说过多少次了，电器插头用完要拔掉，你就是不改，你要不这样空调能坏吗？我出差累得半死，回来都没休息一下就修空调，你什么态度！"

小月看他还责怪自己更生气了，说："又不是我要你修的，还不是你想逞能，是你自己说不用打电话的，自己爱逞能怪谁啊！"（再狠狠一戳）

如果继续这么吵下去，可以把3个月前的事情、半年前的事情，甚至更早以前的事情都给扯出来。还会把家人也都扯进来。

所有那些吵架吵得天翻地覆的人，到最后你问他，你们当初是因为什么事情开始吵的，绝大多数人都不记得最初是怎么吵起来的。

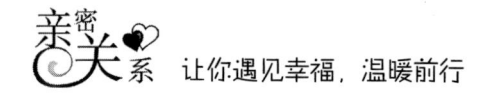

所以，面对即将发生的争吵，你要洞察出对方这一刻想要的是什么，给出对方需要的情绪上的理解、感激、支持等就行了。有句话说，真正的夫妻是什么？是在针尖对麦芒的刹那间，心中涌起的一种对对方的心疼。这种心疼就是不把男人逼成野人，也不把女人逼成疯子。

如果每一个夫妻都能深谙吵架的真相就是想要得到对方的一句爱语、一个理解的时候，那么所有夫妻就会无架可吵，天下岂不太平？

自律才是婚姻护身符

随着互联网资讯的发达，很多原本我们看不到的新闻和消息，也会进入我们的视野。而在众多消息中，人们普遍对某某出轨了、某某外遇了、某某劈腿了这类更感兴趣。为什么吃瓜群众对此类事件津津乐道并乐此不疲呢？因为，出轨或者第三者插足似乎成了社会常态。也许出轨者会轻描淡写一句"常在河边走，哪会不湿鞋，江湖美人秀色可餐，谁能把持"？被出轨者可能会愤愤不平地说："人在江湖漂，哪能不挨刀？出轨的人就是挨千刀的。"

出轨一词发明得很好。火车在固定的轨道上行驶才能平安高效，一旦脱轨那就成了非常可怕的事情，弄不好还会出现车毁人

第三章 构筑亲密关系，拥有爱的能力

亡的惨重代价。婚姻中亦然。出轨带给夫妻的绝对是一记重创，这记重创想要修复非常困难。学会规避"出轨"风险才是婚姻中必须要好好把握的。

出轨无疑是悬在"婚姻"上面的一把利剑，一旦坠落，要么婚姻被刺得鲜血淋漓，要么夫妻两个甚至还要加上一个第三者，都被伤得体无完肤。

所以，正确看待"出轨"这件事，成了每对夫妻的必修课。有人说过，出轨就像掉在屎上的钱，不捡可惜，捡起来又恶心。

我的咨询案例中有过两个出轨案例，第一个当事人是个女的，出轨的是丈夫。遭遇丈夫出轨之前，我的当事人小A人生简直完美。高中时遇上初恋，大学毕业后两人双双考上公务员，结婚。小两口经济不算富裕，但还算殷实，生活平凡又美好。他们偶尔脸红吵架，但都是一夜即过。虽然没有了初恋时的甜言蜜语，丈夫对她却一直温柔体贴。每天加班，晚上回到家里，丈夫早已哄好了孩子睡觉，默默地端出温热的饭菜。

令小A做梦也没想到的是，在她眼里那么知冷知热，疼惜有加的丈夫竟然会出轨。伤心、痛苦，跟丈夫冷战分床了将近3个月，小A开始痛定思痛。是离婚还是继续？离婚的话，有点儿可惜。继续的话，又感觉心里像吞了一只苍蝇，感觉恶心。

于是和丈夫做了一次长谈。小A最终选择原谅了丈夫。虽

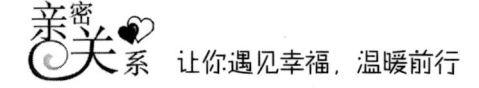

然原谅了，她也知道既然选择放他一马，就要放自己一马，不能旧伤疤重揭。但她的内心却再也找不回丈夫没有出轨之前的美好。原本婚姻就像一瓶纯净水，是丈夫不小心滴进去一滴墨汁，虽然水没有变黑，但想把那滴墨汁分离出来已经不可能了。

坐在心理咨询室的时候，小A已经经历出轨风波快一年，但她依然走不出来，精神和心情极度抑郁，不得已来做心理咨询。

而另一个案例则完全相反：小左是一个公司普通职员。跟妻子小可结婚后，两个人的日子不是大富大贵，也还算美满。在他能力范围之内总会带给妻子一些小惊喜和感动。他们正计划着短期内要宝宝。天有不测风云，小可是一家大型上市公司的老总助理。跟着老总出差、谈判，时间久了，她越发觉得自己的爱人哪哪儿都比不上自己的上司，于是一枝红杏悄悄伸出了墙外。终于，在一次出差的时候，小可跑偏了。起初，小可在自己的丈夫面前还能装一装，时间一长，小可买名牌包包、高级化妆品，甚至连平时对自己不设防的手机也改成了指纹加密。谁说男人没有第六感呢，小左觉得自己的爱人有了问题。在一次接妻子下班的途中，目睹了妻子坐在她老板的车里，两个人正在亲昵。小左虽然没有多少钱，但是他有自尊。发现事情已经到了这一步，小左选择了隐忍，但是他时刻不忘自己头上顶着一片呼伦贝尔绿草原。所以，他变得酗酒，暴躁，对妻子也从开始的冷嘲热讽变成

第三章 构筑亲密关系，拥有爱的能力

了拳脚相加，小可知道自己错了，开始还能抱着认错的心态忍着丈夫的苛责和打骂，时间一长，越发觉得生活就像牢笼。于是，在丈夫又一次大打出手后，小可只好起诉离婚，被出轨的小左觉得这么轻易解除婚姻太便宜了小可，于是就不同意离婚。法庭鉴于小左的这种情况，才推荐他做一下心理调整和疗愈，放对方一条生路，才能放自己一条生路。

两个不同的家庭，相似的遭遇。都因为出轨断送了原本美好的婚姻。严格意义上说，在出轨这件事上，不存在性别差异，男女出轨的概率是一样的。所以，出轨是婚姻的头号杀手，如果不严加提防，不论男女一旦遭遇后患无穷。

那么出轨还是要先从道德说起。道德通常有两种用途，一是自律，二是律他。从人的本性来说，对多数人而言，自律不是一件反人性的事，相反，放纵才能带来快感。但是，人不光追求快感，还想追求点别的东西，比如梦想。所以，人要自律。自律能给我们带来利益，带来安全感，还带来名誉。在婚姻关系中，"出轨"是一件能给我们带来快感的事，可它很有可能会损害我们的利益、安全感和名誉。所以，我们只好舍弃放纵而选择自律。

可能有人要说了，美色情爱当前，能有几个柳下惠？其实，抛开古圣贤人所处的历史环境不谈，在心理学上看，出轨的一方并不是想逃离现在的伴侣，而是想逃离现在的自己。很多情况下是自己企图寻找另一个自己来填补内在关系缺陷的一角。出轨的

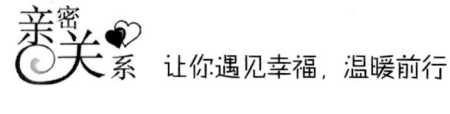

形式是肉体的背叛，实质是一种精神上的渴望。渴望被关注、渴望被需要。如果婚姻中彼此的需要没有被倾听、没有被看见、没有被关照，那么必然会有各种形式的"叛离"与"发泄"。婚姻中的背叛有很多种形式：藐视、冷漠、暴力……出轨只是其中一种。

就像叛逆期的孩子，需要父母的理解、倾听、引导。如果父母是抗拒的、不接纳的、无视孩子需求的，孩子的"叛逆"也会持续显现。婚姻中的两个人也是如此，平时的争执和矛盾如果得不到很好的沟通、化解，只会越来越压抑和疏离，最终用互相伤害来寻求关注和渴望。

而这种内心的渴望并不能及时清晰地反映给对方，所以，很多时候夫妻双方出轨了才去追溯原本存在的问题。假设，如果在出轨之前，一个人能靠着自我意志力，或者是自控自律精神不让自己偏离轨道，而是能把自己的需求和被忽视说出来与对方沟通，我想，就会省去日后出轨带来的很多麻烦和不利。就像周国平在《人生圆桌》里论述的那样，"性是肉体生活，遵循快乐原则；爱情是精神生活，遵循理想原则；婚姻是社会生活，遵循现实原则。这是三个完全不同的东西。婚姻的困难在于，要在同一异性身上把三者统一起来，不让习以为常麻痹性的诱惑和快乐，不让琐碎的现实损害爱的激情和理想"。这样看来，在婚姻里自律是多么的重要，除了最根本的原则，细想应该还有很多，就靠各人的悟性了。在生活中根植了自律意识，婚姻之船才能幸福地走向远方。

第三章 构筑亲密关系，拥有爱的能力

婚姻中不委曲求全才是勇气

人们常言，劝和不劝分，宁拆十座庙不毁一桩婚。而本节内容，我是来劝人离婚的。离婚不是什么大不了的事，尤其是在处之无味，爱亦不存的鸡肋婚姻中，不委曲求全才是真正的勇气。因为，夫妻之间如果有齐心有合力，才能构筑坚固的爱之围城，否则，一个拆东墙，另一个补西墙，最终墙上也会出现漏洞。

托尔斯泰说过，"幸福的婚姻只有一种，不幸的婚姻却各有各的不幸"。什么是不幸的婚姻，在外人眼里依然是恩爱的夫妻，可是只有他们本人才知道彼此之间已经没有任何感情，只是因为某种原因而勉强维系表面上的婚姻。这种名存实亡的婚姻叫作"形婚"，夫妻之间一旦陷入这种相处模式，婚姻就形同"鸡肋"，食之无味，弃之可惜。

美国作家帕梅拉·哈格分析认为，从20世纪50年代起，婚姻的驱动力就发生了变化。那个时代，大多数女性没有工作，只能在家相夫教子。丈夫作为家庭主要经济来源，给妻子买礼物，支付生活费，并偶尔带妻子出去应酬——丈夫的这些举动很容易让

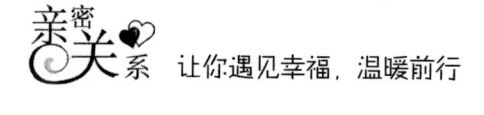

妻子感动，从而能让婚姻保持新鲜。再看今天，人们对婚姻的期望发生了改变。男女在经济地位和人格情感方面有了本质上的改变，男人不再是唯一的经济支柱，有的家庭甚至出现了女的挣钱更多，这样的现象会导致婚姻自主权提高，对于独立和自由的要求相对更多。

这也是造成离婚率不断上升的原因之一。但也有一部分人在面对过不下去的婚姻时，并没有表现多么大的冲出围城的勇气。而是选择委曲求全。

有人说过，婚姻中一方出轨了，那么，接下来的婚姻对另一方来说就是鸡肋，离与不离都并不好过！然而，在现实生活中，人心的浮躁，社会大环境的开放，因为种种原因，目前处于鸡肋状态的婚姻并不在少数。尤其处于中年的女性，上有老下有小，面对一起生活多年的老公出轨，绝不是简单的离婚两个字就可以轻易解决的，然而不离婚，整天面对一个背叛过自己的老公，那种心痛的日子也是很难过的！

丁女士结婚10年，曾经一度陷入"我到底离不离婚"的焦虑中。1年前她得知老公有了外遇，这彻底打破了他们平静的生活。她老公是个把事业放在第一位的人，他对事情的排序为：地位、面子、父母、妻儿。他对自己外遇的看法："这不是什么大事，也许是激情的碰撞，人生的插曲而已。老婆应该原谅，别动不动就闹离婚。"丁女士

第三章 构筑亲密关系，拥有爱的能力

就老公重视对象的排序，以及对待外遇的态度不很满意。外遇事件虽已成过去，但她一直不能释怀：他犯了错为何还是那么理直气壮，丝毫没有忏悔的样子？他应该比过去更爱我呀，应该是把妻儿放在第一位啊，为何还是经常很晚回家？不可能总是加班吧。她心有余悸，陷入对未来的恐惧，内心很挣扎：想放弃婚姻，却不甘心，难道十余年的恩爱就这样结束了？他身上有很多优点，离了他，我能找到满意的对象吗？儿子的心理伤害咋办？若维持婚姻，内心的创伤谁来抚平，怎样抚平？老公还能像从前吗，他能否抵制住诱惑？他值得我原谅吗？似乎她不信任他，也不相信他们能够回到从前。

她很纠结，觉得离不离婚的理由一样充分，觉得老公值得与不值得原谅他的分值等量。可最后仍没答案，这让她一直很痛苦。

这是一个典型的想要离婚，又不敢离，过得很纠结的女性。女性在离婚还是不离婚这个问题上的纠结程度远比男性要强烈和持久。

从心理学上讲，女性在结束婚姻之前会权衡利益和得失，比如，女人离婚的顾虑是孩子的归属问题和离婚以后是否找到适合自己的，因为离过婚的女人会更难找，特别是生过孩子后，年龄也大了，还有一个问题就是女人是否带孩子改嫁。不要孩子的抚

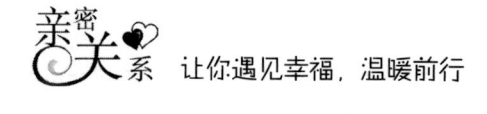

养权又舍不得孩子。如果带着孩子不知道对方是否能接受，对方的父母是否能接受，都是一个很大的问题。孩子未来的抚养和教育的问题，如何去解决等等。这些问题一个个想来，很多女性明明在婚姻中感到很压抑、很纠结，却依然不敢贸然选择离婚。加之受社会主流价值观影响，认为"二婚男人是个宝，二婚女人是根草"，很多女人宁愿选择隐忍，哪怕忍出抑郁，憋出内伤也选择保全婚姻。

针对丁女士，我替她分析了利弊。告诉她婚姻的幸福权一直掌握在自己的手中，一段婚姻到底该放弃还是该继续，别人都不好妄加评判，只有当事人自己才最清楚。婚姻是一个人很强大的后盾，如果时时处处陷在有则痛苦，放弃可惜的纠结中，当事人必须要做一个抉择。要么狠心离开，要么决心改变。最要不得的是既不想接受鸡肋婚姻，又耿耿于怀心结难平。

可能有些人会谴责那些想离婚的人，说他们没有责任心，一心想破坏家庭，对孩子不管不顾等。其实他们也是受害者。对于不幸福的婚姻，是要痛苦的维持还是早点结束，然后双方去寻找各自的幸福呢？当一个人对自己的婚姻忍无可忍的时候，结束这段婚姻或许是最好的选择。有人会说要有责任心，要对孩子负责。如果说一定要这样，那维持一个不幸福的婚姻，我认为，对孩子的伤害会更大。

鸡肋的下场最终都被弃之，婚姻一旦陷入鸡肋，也该尽早弃

第三章 构筑亲密关系，拥有爱的能力

之。不要彼此耗尽心力，折磨对方也折磨自己。因为，夫妻之间最高级别的感情就是之间"有爱"，如果爱已消失，早放手，是上策。

第四章
家是港湾，更是一件艺术品

第四章 家是港湾，更是一件艺术品

活出来的婚姻誓言

有这样一部电视剧，有一对老夫妻，他们之间相差15岁。从20岁开始相恋，一直到95岁，整整过了70年，他们的爱情并没有随着时间而褪色，而是越来越醇厚。现场，他们与自己的儿孙辈齐聚一堂。孙子和儿子们都来讲述他们的爷爷奶奶和爸妈一生的故事。老阿婆给丈夫做了一辈子衣服，在60岁以后，当丈夫问起老伴儿为什么每次都要多做一件衣服的时候，老阿婆说"怕你下辈子没得穿"。在现场，老人的儿孙们描述中，他们眼里看到的是父母相亲相爱，爷爷奶奶相扶相持走过一生，平淡又浪漫。已经95岁的老爷子问自己80岁的老伴儿，"幸福是什么？"老太太回答"跟你在一起就是幸福"。经过岁月洗礼如此质朴的爱情，让现场观众感动落泪。尤其最后一家24口人的四代全家福，定格成了美好的瞬间，观众看到的是一个大家庭的兴旺和一对夫妻从青涩走到暮年，相携手白首不相离的温情。

在我看来，这就是最好的传承。一辈人给下一辈人做出榜样，让他们明了什么是爱，什么是美好人生，什么是婚姻的承诺。一对老夫妻，也许并没有过交换戒指宣读结婚誓词的那一

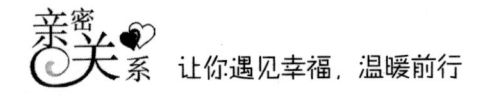

刻，但他们却活出了婚姻的誓言：结发为夫妻，白首不相离。

韩国著名导演陈模瑛用15个月跟拍了一对现实生活中的老人，纪录片的名字《亲爱的，不要跨过那条江》。几乎每一个看完影片的人都会泪流满面。影片中没有任何刻意的渲染，一切都来自老人们的真实生活。正如导演所说："在拍摄过中，我尽量不影响他们的生活，我希望在影片里记录下这段永不结束的爱情。"

影片中的爷爷并不是一个很成功的人，他的一生一直在努力地做一个好人、做一个对自己的女人倾其所有的好人，这大概也是《亲爱的，不要跨过那条江》强大感染力的来源之一。

影片中奶奶回忆起往事，"在什么都不懂的14岁遇见你……从那以后再没觉得孤单，就这么一直过日子。"

奶奶夜里上厕所，叫醒爷爷站在房门外，她说："你千万不要走开哦，我会害怕的，你给我唱歌啊。"爷爷清清嗓子开始唱歌；奶奶刚说了一句"我膝盖好疼"，爷爷便弯下身子帮奶奶吹膝盖；爷爷病了，奶奶就坐在床边一直握着爷爷的手，"你胳膊变细了，我给你挠挠背吧"。

奶奶陪爷爷去砍柴，爷爷背着大捆柴火往回走时说："再活5年我就100岁了。""爷爷要活到100岁吗？那到时候谁给你做饭？""当然是你给我做啊！"

……

第四章 家是港湾，更是一件艺术品

这些感人的语言充斥着整个电影。看完让人觉得原来人生可以如此美好，爱可以如此长久且经久不衰，执手相看彼此细数老年斑是如此动人。这是种修行。把爱情过成了永恒，把日子过成了诗。

每当我在屏幕上或现实中，看到老两口相互搀扶时，我也一直在想，当年这些人年轻的时候，也许他们也不知道婚姻是什么，就是单纯地陪着对方。他们在彼此宣读结婚誓词的时候，不只是说说而已，那是代表他（她）一生的委身与承诺。

反观我们现在的人。有很多人在举行婚礼的时候，铺排的场面成了仪式，互相宣读誓词的时候，也是出于真心，可是这个真心能维持多久并不可知，不要太轻易地说"爱"这个字，爱其实不只是一种感觉，而是一生的相互托付。

不是有句近期很流行的话"叫一声老婆很容易，叫一声老太婆很难"。如果我们每一个进入围城的人，都想着要给围城添砖加瓦，那么婚姻的围城就成了坚固的堡垒。否则，你来拆一块砖，他来揭一片瓦，很快这座围城就会风雨飘摇。

在爱中修行，在平凡的生活中一起学会如何去爱。

亲密关系 让你遇见幸福，温暖前行

彼此学会如何去爱

假如夫妻相处是一门学问，我们必将穷其一生去学习。从青涩到白首，从两个人的世界繁衍成四世同堂，每一个时段都需要经营和学习。只有这样，我们才不会有歌词里"当我终于学会了如何去爱，你已消失在人海"的遗憾。

夫妻之间的相处智慧和哲学，我特别推崇一个故事，在这里分享给大家：

一天中午，我下班回家，热得满头大汗。打开冰箱一看，里面竟然冰着半个西瓜。我喜出望外，风卷残云般啃了个干净。

正在这时，妻子也回家了，一进门就说："渴死了！热死了！"打开冰箱一看，她愣住了。我告诉她那西瓜我吃完了。她的脸上掠过一丝不快，连忙拿杯子去倒水。一提水壶，里面也是空的。

她一下子冒火了："你也不知道烧点儿水。回家这么长时间你知道渴，我就不渴吗？"我也生气了："凭什么都是我干？"为这事，我俩冷战了一星期。

星期六，我回父母家。他们一见我就问："怎么一星

第四章 家是港湾，更是一件艺术品

没见到你老婆了？"我就把闹别扭的事原原本本地说了。妈妈一听就责备我说，做事不能只顾自己而不顾别人。

我不以为然："不就是吃了半个西瓜嘛，有什么大不了的？"

爸爸笑了："你也不用替自己辩解。明天是星期天，你们都过来一趟。"

第二天，我带老婆和孩子回到父母家。

一进门，爸爸就让我出去买醋。等我回来，爸爸说你老婆带着孩子出去了。说完他就抱出半个西瓜给我："看你热得一头汗，吃点儿西瓜解解渴吧。"

那半个西瓜足有四五斤，爸爸递过来一个勺子说："吃不完就剩着，让你老婆回来吃。"我接过勺子就吃起来，吃了不到一半，肚子已经胀了。

等我老婆和孩子回来，爸爸抱出两个半边西瓜放在桌上，对我说："你看看它们有什么不同。"

我仔细地瞧了又瞧：一半是我刚才吃的，另一半也是吃过的。看了好一会儿，也看不出什么问题，只好摇了摇头。

爸指着西瓜说开了："这一半是你吃的，那一半是你老婆吃的。我告诉你们俩'如果吃不完，就把剩的留着给对方吃'。你看你老婆是怎么下勺子的？从旁边往中间掏，一半吃完了，另一半西瓜却没动。再看你，从中间开始掏，把瓤都吃了，把旁边留给别人。谁不知道瓜瓤甜呀？从这件小事上看，你老婆就比你有心得多。"我的脸一下子红了。

127

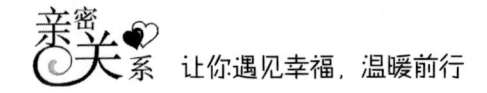

爸爸意味深长地说:"两个人过一辈子,能有多少轰轰烈烈的事?夫妻的感情体现在哪里?就体现在平时一滴油、一勺饭、一瓢汤上。上次你为吃西瓜的事和你老婆吵架,还振振有词,那明明是你不对。要是换了你老婆先回家,肯定会给你留一半西瓜的。别看这是一件不起眼的小事,却能反映出一个人的心。一块西瓜里就有居家过日子的大学问。再冷的心,你一点一点地暖它,总有把它焐热的一天;可是再热的心,你要是一勺一勺地浇冷水,也总有一天会彻底地弄凉了它。你想想:要是你老婆像你一样,事事都不想着你,久而久之,你会怎么想?"

真是一语点醒梦中人。我蓦然发现,平日里回家时放好了的拖鞋,茶几上晾好了的茶水,下雨天门口摆好了的雨伞,竟然都是老婆的一片深情。可我呢,却大大咧咧,视而不见,不懂得将心比心……

想到这里,我惭愧极了,赶忙把我已过了凉水的饺子端给老婆:"我这碗已经不烫了,你先吃吧。"

老婆笑了:"你少在爸妈面前装蒜了。"

爸爸也笑了:"能下决心装一辈子,就是个好丈夫了。"

我相信,这个故事传达的正是爱的真谛:多为对方考虑,就是爱。

有人把婚姻比作三段曲:"开始的婚姻是口香糖,二人整天黏在一起;接下来的婚姻是一段旅程,身为旅客的我们会面对很多选择，也必须为所做的选择负责；之后的婚姻是一种生活方式，彼此习惯对方的存在。"迁就、宽容、接纳、适应、谅解是婚姻爱情训练而出的几项全能，而这种全能正好符合修行之中倡导的。

男人的成熟决定婚姻长度

我做过一期情感节目，开场之前我问在场的女性朋友，让她们描述一下心目中的"男神"，是那种能过日子，身上既有胡歌类型荷尔蒙，又要有过日子的烟火气的真男神，不是那种只可远观不能接地气的偶像。现场各年龄段的女士可谓参加踊跃。

有的说，男人要帅，帅到没天理，堪称人见人爱，车见车爆胎的那种，这样的男人一出场就引来尖叫一片，谁不爱呢？

有的说，男人要聪明。女朋友一个眼神就能心领，一个动作就能神会。这样的男人才是好男人。

有的说，男人要可爱。清清纯纯，不要故作高深，能在大冬天陪女朋友一起吸着鼻子吃掉冒烟的冰激凌，能在下雨的时候不打伞疯跑在雨中，调皮地去尝女朋友脸上的雨水。这样的男人才浪漫。

有的说，男人要多才。修得了汽车，搞得定电子产品，运算得了复杂的理科公式，又讲得了声情并茂的故事，上得了演讲

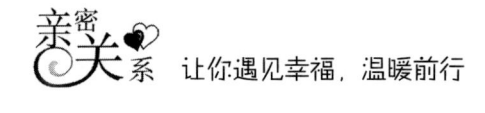

台，下得了厨房。这样的男人才是优质潜力股。

有人说，男人要有钱。既可以让女朋友坐在法拉利里面笑，又能骑上自行车畅游花田草海，那是富过以后装"穷"的浪漫情怀。这样的男人才更受到女人青睐。

可见，每个女孩的心中都有她们自己所向往的男人标准。其实，作为一个男人的我来说，以上的男人标准都不可以单拿出来去标示，谁说有钱的男人就不能兼顾浪漫呢？有才华的男人就不能清纯可爱呢？在我看来，这些标准因人而异，因年龄而异。青春岁月之时，人人都希望那种帅到没天理，结婚之初就会想着只要能换得了灯泡，能修得了马桶，能按月领回工资，这就是好男人。而婚姻久了，我想人们对于男人的标准又会改变，最需要的应该是一个成熟的男人。

这样的男人既能应付妻子的小浪漫，又能包容她偶尔的玻璃心；既能兼顾家庭和事业，又能在纷扰的生活中自我成全。用一句话形容，成熟的男人才能决定婚姻的长度。

著名心理学家莱温斯基说，婚姻的幸福程度主要来源于个人意志、性格成熟等因素。假设决定我们幸福的条件为100分，那么性格占50分，为了幸福而付出的努力和个人意志占40分，周围的环境占10分。男人成不成熟，在很大程度上决定了女人的婚姻幸不幸福。

因为感情不和来咨询的案例中，抱怨丈夫幼稚的不在少数。我举一个例子，对比一下成熟男人和不成熟男人之间的区别：

第四章 家是港湾，更是一件艺术品

小蛮和丽丽是同一天住进待产房的。入院第一天，护士让病人吸氧，小蛮的老公熟练地卷好被子给她垫在腰部位置，又插好仪器让她吸上，安顿好老婆就去买饭了，临走还不忘叮嘱爱人，安心等着，他一会儿就回来。

而丽丽的老公，笨手笨脚，把被子胡乱堆成一团让老婆靠着，然后又研究如何弄仪器，手忙脚乱半天也没弄好，后来还是找来护士帮忙，才吸上氧气。全程表现得毛手毛脚，眉头皱着颇不耐烦。还没等这边弄利落，他已经拿出手机开始玩游戏。

小蛮的老公买饭回来了。饭菜很丰富，有荤有素，有汤有面，怕老婆临产期没食欲，还特意多买了两种主食。小蛮吸完氧气，正好吃饭，吃完稍微活动一下，就午睡了。而丽丽看着自己的老公还自顾自玩游戏正嗨，全然不顾自己的妻子是要面临生产。只好忍着十二分的气，催促老公去买饭。她老公则从包里拿出自带的面包、酸奶等一堆零食，指着说，这么多吃的，随便吃好了。丽丽满心委屈，只好继续发牢骚，说自己想吃带汤汤水水的稀饭。老公只好带着不太满意的神情去买。

小蛮已经吃饱喝足睡着开始养精蓄锐，老公提前去护士处了解相关生产需要的相关事宜。丽丽的老公才买饭回来，买了几份菜，全是肉，丽丽边吃边抱怨太油腻，不想吃，只吃了几口就不吃了。两人吃完饭，已经下午2点，丽丽觉也没睡，挺着大肚子就跟着护士去做检查了。

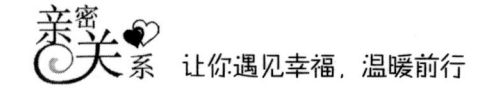

第二天,丽丽老公一来就抱怨停车难,说在医院找不到车位,只好违规把车停在医院外面的路边了,结果没过10分钟就被贴了罚单。小蛮老公却说,行政楼旁边有个过道,不碍事,过道很宽我就停在那儿了,你下次也去那边吧。

丽丽的老公说,你挺熟啊,是不是常来这医院看病?小蛮老公说没有,我也是昨天路过时看到的。

由于是夏天,病房里一直开着空调,小蛮的老公忽然问:这屋晚上空调开得大吧?同病房的人说是啊。小蛮老公看了看空调,出去跟护士要了很长的一张薄塑料布,自己亲手把空调的出风口用塑料纸半挡了一下,风往下吹,既没影响原来的凉爽,又解决了怕妻子晚上睡觉被吹坏的担忧。

丽丽看在眼里,不无羡慕地对小蛮说,你命真好,嫁了这么个好男人,你平时得多省心呢。小蛮幸福地笑着说,的确,在日常生活中他是个成熟的人。大事小事都能想到我的前面,我从不为生活操心。后来丽丽还在小蛮的口中得知,小蛮的老公优秀的一面远不止这些。

他们家电器坏了、水管堵了、狗生病,老公都能解决。就连小蛮的毛衣不小心抽了丝,老公也能耐心地给弄好。小蛮下班不高兴,他立马能猜到原因,小蛮在工作中遇到的问题他会帮她分析,他告诉她该怎么处理。听到这些,丽丽内心隐隐地疼,自己嫁的男人却是个妈宝男。用婆婆的话说,他是油瓶倒了都懒得扶,只要不是火烧屁股,他的屁股能一坐一天玩电子游戏。

第四章 家是港湾，更是一件艺术品

一个思想幼稚不懂事的男人和一个成熟稳重的男人，一个一直想逃避责任的男人和一个勇敢承担责任的男人，一个心胸狭隘、斤斤计较的男人和一个包容大度、懂得站到别人立场考虑问题的男人，他们带给女人的婚姻绝对是不一样的！

许多男人，在他们年轻的时候，在父母的羽翼下长大，有意无意地将自己当成一个孩子，由于过去一直被父母照顾，以为结婚之后，就应该由妻子照顾自己的生活。这种长不大、不成熟的心理让他们在主观上以为，自己的生活就是当一个自得其乐的男人。但是，现实并非他们想的这样，妻子并不想扮演"妈妈"的角色，她们期待的伴侣是成熟的，能够担起生活责任的男性，是能够和她们共同去面对生活中难题的男人。

婚姻应该是两个成熟独立的个体走到一起，让两个人的生活变得更快乐而有意义，不应是女人去帮助或逼迫一个男人如何长大的过程。

婚姻最伟大的品格，就是让男人和女人彼此成熟，在成熟之后，才能真正负起爱与责任。而爱与责任，才是婚姻的基础，如果一个女人不会真正地爱男人，男人就不容易成熟，而不成熟的男人容易导致婚姻的悲剧。所以，很多人的婚姻，在历经千辛万苦之后，婚姻依然会存在格格不入，这是婚姻的不幸。成熟婚姻伴随男人性格的成熟，爱让男人对女人承担了更多的责任和义务，也让女人在男人责任和义务里看到维系婚姻的意义。所以，男人的成熟决定了婚姻的长度。

女人的智慧决定婚姻深度

朱子在治家格言里强调:"娶妻求淑女,不计厚奁。"贤淑无论在古代还是现代都是男人的好述。不论古今,所谓淑女就是有智慧的女子,若给个定义应该是:"骨子里坚强外在会示弱、经济和人格很独立,表现出来却善良。"

我们分开来说。

一个骨子里坚强的女人,她不会依附,不会在婚姻或爱情中失去自我,变成唯男人命是从的人。以前人们对于女性的认识,往往是,"女人是弱者""女人第二性""女人天生要依附""女怕嫁错郎,男怕入错行"。这些被社会约定俗成的言论,左右着女人的行为处事方法,约束着女人大胆追求幸福与自由的冲动。现实中的确如此,男人出轨可以被这个社会原谅,而女人出轨就是冒天下之大不韪,不能被饶恕。男人干得好不能与当时陪他吃苦的女人一同享福,则会被社会说成是价值观不同,导致结果不同。女人如果因为不能与男人受穷选择另谋出路,另择富男,则被认为嫌贫爱富。

好在,这样的观点和思路正在被发达的社会文明一点点颠覆,女人有了新的代名词,诸如"女人嫁得好不如干得好""女人可以顶半边天""女人的天下自己挣"这些为你们女同胞长志

第四章 家是港湾，更是一件艺术品

气的言论，说明社会已经从男权社会渐渐过渡到认同女性、尊重女性的轨迹上来。既然是尊重，智慧女性知道自己顶了半边天，也要适当地给男人留半边，不能变成"一切我说了算"。所以，智慧女人懂得适当的示弱。因为我了解男同胞，每个男人心里都希望一个小鸟依人状的爱人。

  小娜是一位花艺师，在一次课上分享中，她说自己最成功的作品就是设计、整理和老公一起营造的家，小娜的老公是我们圈内的人，每次穿着最得体、最帅气、最干净，她的老公总是满眼的爱意看着小娜，向别人介绍他的妻子不但是花艺师，还是厨艺师兼服装搭配研究师，而厨艺主要是研究她爱人的胃，着装主要用来搭配她的男人。
  贝西的男朋友是个球迷，深夜12点，还在和球友讨论欧洲杯，吐槽国脚，而贝西却在烹制小茶点，我们有一次在她家看足球，我问她，没有兴趣一起看吗？她说，我不懂你们男人，那是你们的世界，但我知道一会儿你们看够了、喊够了，会想吃东西。

  在我的培训工作中，遇到过很多类似的女孩。活得表面看似乎没有自我，默默躲在男朋友或老公后面付出，她们不关心多么轰轰烈烈的事情，只是温柔又琐碎经营着当下的生活。她们并不一定有多美，但她们活得随性又充实，既不拧巴自己也不拧巴男人。事实上，这样的女子反而有着十分强大的内心和敢于示弱的

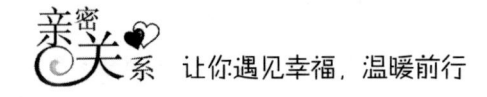

智慧。问过很多男性朋友，无一例外，他们不喜欢强势的女人。在他们眼里，强势的女人就像仙人掌，明明是绿植，却不太讨喜，只宜种在户外，不宜安养在家中。

随着社会的发展，女性越来越多参与工作，很多原本在家里没有什么经济地位的女性，大部分已经逆袭，甚至大有后来者居上的势头。女性真实实现了经济和人格的双重独立。但问题也来了，人性弱点在作祟，一旦有了经济收入或在家里收入超过男人，女人就会颐指气使，盛气凌人。更有甚者会用"这个家都是我来养，我挣得比你多……"的言论来贬低或打击男人。在我看来，这样就是一种不智慧的表现。女人的收入可以超过男人，越是这样，越要呵护男人的面子加里子。面子是，男人本来作为经济支柱，收入少于女性会有或多或少的难为情，如果女人口无遮拦去说，男人的面子是挂不住的。而间接也会让内心生出不满，会认为与女人地位不平等，自尊心受了打击。这样，里外兼伤，焉能有美满的婚姻？

男人的潜意识里都有自卑的心结。潜意识中希望女人佩服他、认可他。这样男人内心的某些渴望就被适度膨胀，而适度膨胀中的自信就找到了。

女主人事事都在公众场合比老公强，激发了老公潜意识中的自卑情结，老公就很难受。而且女人越强，男人越难受。即使嘴上不说，心里的难受也是不言而喻的。

所以，即使经济独立的女性，内心的智慧生发也会让她照顾男人的面子，这就是一种善良。

如果一个女人深谙男人的心理需求，就会有针对性地给予男性以面子和尊严，那么，相对而言，这样的男人在家里地位也会明显提高。而一个有了尊严的男性，才是真正的大丈夫，他不会轻易伤害家，伤害另一半。而是会表现出大丈夫的担当和责任，更有能力来担负起一个家。

《红楼梦》里曾说：女孩儿未出嫁，是颗无价之宝珠；出了嫁，不知怎么就变出许多不好的毛病来，虽是颗珠子，却没有光彩宝色，是颗死珠了；再老了，变得不是珠子，竟是鱼眼睛了。我认为，很多婚姻里不幸福的女人，甚至不是活鱼眼睛而是死鱼眼睛。

所以，要做一个有智慧的女人，才能是一颗无价之宝。时日久长经过岁月打磨，要变成男人手心里的夜明珠，天地明月金不换，不但能得到男人死心塌地的爱，还会让婚姻变得有内涵，所以，女人的智慧决定婚姻的深度。

不忘初心，方得始终

每一对牵手走进围城的男女，在相互爱慕的那刻，一定都幻想过未来生活图景，以后的岁月执手相看，共同欣赏春花秋月。在婚礼宣誓的那一刻，都承诺不管是疾病，是贫穷，是变老都会不离不弃。当向彼此交换戒指并深情地说出"我愿意"的时候，

亲密关系　让你遇见幸福，温暖前行

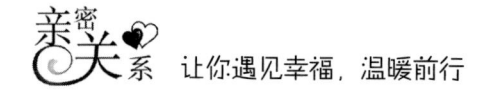

这是一对两情相悦的男女给对方也是给自己许下的初心。彼此的初心就是当初的那颗发愿要彼此深爱、彼此呵护的心。

然而，婚姻从相爱到相守，走过一段又一段的路，走了几年后，彼此感觉累了，以前追求的婚姻到现在也不过是很寻常地过着一天又一天重复的日子；这时有人会感觉生活就像白开水，无色无味，于是开始向婚姻外跨栏，寻找片刻的激情，却忘了在很久以前也以同样的心情追求过呢？只是拥有了却不去珍惜了，而遗忘了最始的初心，破碎的婚姻50%都是这样演变而来的。

如果爱人之间，在任何矛盾、纷争、伤害出现的时候，能想想当初彼此发出的初心，是不是婚姻中的变故就会少很多呢？

阿聪跟小美是一对相恋6年的恋人。两人从大学开始谈恋爱，一直没领结婚证。在他们之间也有过N多次不愉快，N多次误会，但最终都熬了过来。他们就像歌里唱的那样：你我约定，一争吵很快要喊停，说好彼此没有秘密更透明。要做快乐的自己，然后带快乐给对方。就是靠这样的信念，两个人在7年之后举行了婚礼。婚礼既不奢华又不张扬，甚至连双方父母要求出钱给他们置办婚房都被他们婉言谢绝。他们选择了旅行结婚，3个月下来，他们一起走过很多地方。最后两人一致决定，要在一个农村选择开农庄。父母并不支持也不看好，他们认为，读了多年大学的大学生怎么能去农村呢？有违父母的价值观。但在阿聪和小美心里，他们认为农村天宽地阔空气好，而且两个人向往简单的生活。这是他们在恋

第四章 家是港湾，更是一件艺术品

爱之初就梦想的事情，一起努力开创一种前所未有的人生。

凭着两个人学的计算机专业，他们开始了自己的大胆创业。他们选择了种植药食同源的植物花草和蔬菜。通过互联网上建立的人脉，拓展了旅游观光、亲子采摘、互联网售卖等多个板块。两年后，人虽然变得又瘦又黑，但两个年轻人的心靠得更近了。创业的不容易和共同心愿的实现，使两个人的感情日益升华。

但随着两个人的生意越做越大，雇用的员工越来越多，精力本来有限，加上仗着自己有了第一桶金，他们投资了另一个比较陌生的草药种植，结果把本钱赔了个精光，还欠下了很多工人的工资。危难的时候，阿聪和小美提出了离婚。小美知道阿聪的压力，也知道他的苦衷。他不想让自己跟着分担，于是在阿聪发脾气大声让自己滚的时候，小美选择了默默离开。她的离开不是狠心决绝地弃阿聪而去，而是有自己的打算。她通过自己的能力到大城市里谋得一份高薪工作，她把自己每月加班加点挣的薪水都通过巧妙的方法，转寄给了阿聪，以缓解他的燃眉之急。3年来，小美一直在默默关注着阿聪的动向，知道他挺了过来，知道他还清了债务，知道他的草药种植开始了良性循环，也知道了他一直在寻找自己。

后来的后来，他们有了自己的品牌，有了自己的互联网公司，有了自己的N桶金，还有了自己两个可爱的孩子。

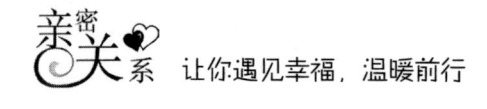

故事里的主人公，为我们很好地诠释了什么是不忘初心，方得始终。他们相恋时的梦想就是他们的初心，虽然中间也有插曲，但小美没忘，阿聪也没忘。只是彼此更爱对方选择了短暂分开。

在现实生活中，很多类似的夫妻，他们在遭遇一些突发状况的时候，就会乱了分寸，甚至全然忘记了曾经一起许下的诺言，才会发出感慨"人生若如初见，何事秋风悲画扇"。不是初见的那个人被岁月改变了，而是自己变了。在爱情婚姻中，只要记得它的好，就会一直好下去。我们看一个关于《爱的存折》：

在结婚晚宴结束后，妈妈交给女儿一本银行存折，妈妈告诉女儿里面存有1000元。妈妈说：你好好地保存这本存折，把它当作你结婚的记事本。当你和老公遇到一些开心的事情时，就往里面存钱，然后在款项后备注发生了什么开心事，越开心越值得纪念的事，就存更多的钱。今天我帮你存了1000元，以后让你老公和你来一起存。这是一件有意义的事。

回家后，老婆告诉老公存折的事。两人对于这本存折的未来充满了期待。

2月18日：存入100元，和老公结婚后的第一个生日，收到老公的礼物。

3月1日：存入300元，老公升职加薪了。

3月28日：存入200元，和老公去了巴厘岛进行了一个浪漫

第四章 家是港湾，更是一件艺术品

的旅行。

4月15日：存入2000元，老婆怀上了baby。

6月1日：存入1000元，老公升职当上了经理……

多年以后，两人开始有了争执有了分歧，夫妻间的交流渐渐少了，甚至他们都后悔和对方结婚，他们不相爱了。

有一天，夫妻俩又吵架了，老婆回了娘家。老婆跟妈妈说：我们想要离婚了，我都不明白为何当初嫁给他。

妈妈说：离婚不是小事，你自己要想清楚，随你自己的意见去做吧！妈妈没有意见。记得妈妈在你结婚的时候给你的存折吗？离婚前把存折里的钱都取出来，用了它，反正别把伤心钱留着。用完它！

老婆同意妈妈的说法，第二天，老婆一大早便去银行取钱，打算中午去商场把存折里的钱都花掉。当老婆排队取钱时，不经意地翻阅了那本存折。她看了看，再看了看，突然间好像所有和老公一起经历过的欢乐时光一幕一幕地出现在她眼前。老婆的眼泪不禁流了下来，然后，老婆回家了。老婆把存折交给了老公，叫老公去把钱拿出来，离婚前用了它吧！

第二天，老公一大早便去银行取钱，打算尽早把婚离掉。当老公排队时，不经意地翻阅了那本存折。他看了看，再看了看，突然间好像所有和老婆一起经历过的欢乐时光一幕一幕地出现在眼前。老公的泪在眼眶里打转，然后，老公回家了。

141

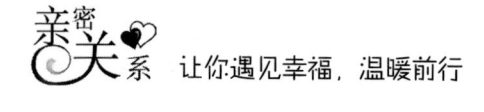

回家后，老公把存折还给老婆。老婆打开存折看见里面多了5000元，然后款项旁，老公写着：今天，我才发现原来我是多么爱你，而这些年，你也带给了我无数的快乐。老婆，我爱你！

老婆和老公相视默默流泪，然后无声却有力地抱在了一起。过后他们一起把存折放回保险箱里。

如果每一对相爱的夫妻都能默默坚守曾经那份初心，何愁没有始终呢？

同船渡，要感情，更要感恩

恩爱，恩爱，先有恩才有爱。人都喜欢谈爱，我却独自喜欢说恩。很多人谈恋爱了，又分手了，结婚了，又离婚了。原因只有一个，不爱对方了，或者对方不爱自己了。以爱为基础的感情，都是带着一种自私成分在里面。

夫妻在一起，单凭着爱，一定无法持久。夫妻一起，相濡以沫，靠的是恩。双方对彼此有恩，这个感情才能持久，没有恩的爱，仿佛空中楼阁、海市蜃楼，很难长久。

一日夫妻百日恩，其中的时间从"一日"到"百日"，这里的"一日"是指短暂的时间，"百日"也不是100天的意思，而

第四章 家是港湾，更是一件艺术品

是表示长久。因此时间不是重点，即使短暂的夫妻，其中的恩是"深似海"。它强调的是"恩"。

古时候，夫妻之间讲的是相敬如宾，恩爱体贴。所谓"恩爱"夫妻，"恩"在先，"爱"在后。因为古人知道，天命不可违。能成为夫妻，是天定的缘分，是上天的恩，也是父母的恩。而且有很多是前世受恩于别人，今生了愿做夫妻报恩。夫妻之间多存感激之意，"恩"是基石，"爱"中也就有了理性，于是夫妻白头偕老。

如果我提一个问题问你，生命中最大的恩人是谁？答案一定各有不同，但我想，鲜有人会说生命中的贵人或恩人是配偶。伴侣的关系并不完全是"本是同林鸟，大难来了各自飞"，也有相看两不厌，此生相托付呢！在我看来，这是一种非血缘却超血缘的关系。父母带给我们生命，需要感恩。而夫妻之间给予彼此的是另一种更为长久的感情，更要感恩。

百年修来擦肩过，千年修来同船渡，万年才修来共枕眠。在茫茫人海中两个原本毫无关系的人能走在一起，并建立一种特殊又密切的关系确实不容易，所以才称之为缘分。两个人又在一起朝夕相处，相濡以沫，唇齿相依，休戚与共，更应该互相珍惜，常念受到的恩惠，常怀报恩之情，尽到自己的责任，经营好自己的家庭，把心思放在爱他/她、爱家庭上。只有这样，才能夫妻恩爱，白头偕老，幸福一生！

但在现实生活中，不少人却过于自私，只想索取，不想付出，虽有感恩之心，但没有感恩的行动；有的人精神麻木、心理失衡，总觉得别人欠他的，生活不如意，整天怨天尤人。认为娶进的媳妇自家的人，为自己做事是理所当然的，以致一句"谢谢"或"对不起"也变得那么吝啬和呆板，甚至稍稍不满意便破口大骂，甚至大打出手，搞得家庭不和谐、不安定。以为，嫁个丈夫就是穿衣吃饭，给自己带来物质享受的，丈夫稍有不合自己的心意就抱怨、指责。

其实，生活消磨掉夫妻间的激情并不可怕，可怕的是我们没有了表达心情的意愿。

有一个女士，因为跟婆婆和丈夫不合，找到了电视台，请求专家调解。现场，女士声泪俱下，控诉自己的丈夫处事一碗水不能端平，控诉婆婆总是干预他们夫妻的生活。还说自己丈夫的钱全部要交给婆婆手里，婆婆还动不动就要挑拨儿子和自己的关系。专家在听了这位女士的陈述后，都觉得这个婆婆和老公做得太过分了吧。事实呢？等儿子挽着婆婆出来叙述的时候，现场人们安静了。因为儿子说，自己自从有了女儿，老婆出满月的那天开始就没有再带孩子，而是全权交给了自己的妈。到如今3年过去，自己的母亲不但要照看孩子还要做饭。他的钱交给母亲是真的，因为母亲不忍心看着儿子花钱大手大脚，全部给存了下来。现场婆婆什么都没说，只是拿出一个存折，上面有63500元，是婆婆在这3年来给攒下来的。观众看到这里的时候，已经有一部分开始说媳妇不知好歹，不感恩了。后来儿子继续说，当初自己的老丈人得了肠癌。重症1年多，他像儿子一样床前尽孝，端屎端尿陪床伺候，而那个时候自己的妻子因为工作并没有尽当女儿的孝心。原以为，他这么对待妻子的爸爸，能换来妻子真心对待自己的妈。可事实上，妻子不但不感恩，还对自己的母亲横眉冷对，千般指责。所以，才导致家庭的矛盾日益升级。

看到这里，大家应该知道心中的那杆秤怎么称了吧？故事中的妻子做事有些过分了。既不感恩婆婆带大自己的女儿，又不感恩丈夫对待自己生病老父亲的付出。现场专家也是对该妻子批评和教育，对她说，如此这般不存感恩心，将来离婚再有第二次婚姻也不会幸福。

很多时候我们知道去感恩领导的提携，感恩朋友的相助，感恩陌生人的一次举手之劳，而往往忽略了对自己的配偶给予感恩。

有位男士因为不满意自己的妻子，跑到自己女同事面前去诉说，女同事为他做了一顿饭，只是微笑着听他发牢骚，并不插言。告辞时，他非常不好意思地说："太感谢你了，为我做了这顿饭，还听了我这么多的牢骚。"他的同事说了非常经典的一段话："我给你做一顿饭，你就感谢我，你的太太为你做了这么多年的饭，你感谢过她吗？"男士愕然，发现自己除了对妻子有牢骚之外，并不曾说过任何一句感谢的话。

这位男士的女同事，确实懂晓大义，因为她教会自己的男同

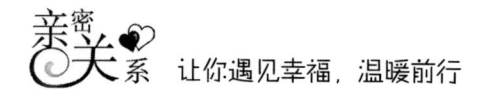

事懂得去对妻子感恩。所以，如果我们处在婚姻中的夫妻双方，能经常想想另一半的好，心存感恩，还会生那么多牢骚埋怨吗？

当夫妻之感情降温，激情燃尽，不妨看看这个列表（夫妻感恩表）——找找对方身上值得你感谢的事情：

他/她努力工作。

他/她有一份工作。

他/她正努力找一份工作。

他/她是孩子最信赖的人。

他/她想把最好的给孩子。

他/她帮忙哄睡孩子。

他/她热爱家庭。

他/她不像祥林嫂那样絮絮叨叨。

我可以相信他/她的判断。

他/她总是能做正确的事。

他/她总是试图取悦于我。

他/她是个有条理的人。

他/她是个可靠的人。

他/她仍愿意对我说甜言蜜语。

他/她生活节俭。

他/她很少给自己买东西。

他/她性格很好。

他/她从不骂人。

他/她很少骂人。

第四章 家是港湾，更是一件艺术品

他/她不在孩子面前骂人。

他/她会询问我的意见。

他/她珍惜并努力维系我们的婚姻。

他/她是个很实际的人。

他/她会用鲜花和礼物制造惊喜。

他/她愿意陪我看我喜欢的电视。

他/她在工作中受人敬重。

他/她是一个好员工。

他/她是一个好老板。

他/她言出必行。

他/她赞美我。

他/她是一个好人。

他/她表里如一。

他/她帮我收拾餐桌。

他/她会感谢我为他做饭。

他/她对食物要求不高。

他/她仍然吸引着我。

他/她笑起来很好看。

他/她不喜欢找借口。

他/她了解我。

他/她选择了我。

他/她帮我洗衣服。

他/她对我还有"性趣"。

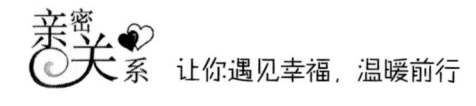

当我老了，他/她还是爱我。

他/她想成为更好的另一半。

他/她非常尊重我。

他/她鼓励孩子。

他/她念书给孩子听。

他/她和孩子在一起，也会变得孩子气。

他/她没有劈腿。

他/她不吸毒。

他/她神经大条，不斤斤计较。

他/她不爱炫耀。

他/她爱这个家。

他/她是一个很好的伙伴。

如果他/她不能按时赶来，他/她会打电话给你。

他/她很守时。

他/她让我发笑。

他/她心地善良。

爱的修行，自度度人

我非常认同心理学家曾奇峰说的，夫妻关系是"家庭的定海神针"，在"三世同堂"家庭中，如果夫妻关系是家庭核心，拥有第一发言权,那么这个家庭就稳如磐石。回溯早些时代,那些四世同堂、家族兴旺的家庭,无不是一代又一代传承的典范。其实,起核心作用的就是和顺的夫妻关系。

夫妻之间和谐,对上是行孝,对下则是行教。上行下效的家风才能一代代传下来,传承久远。

《易经》中说:"家人,女正位乎内,男正位乎外,男女正,天地之大义也。家人有严君焉,父母之谓也。"男女,即夫妇二人,是家庭中的两个核心支柱,夫妇二人各正其位是天地间的大道理。夫妇关系是五伦关系之始。

所以,每个经营婚姻、呵护爱情的人,都要抱定修行的虔诚,因为婚姻不只是两个人的事,家庭就是一条船,夫妻是相互配合的舵手,孩子是乘客,老人也是乘客,它的稳定决定着乘客的幸福。

很多人会问,夫妻双方怎么能做到相敬如宾,爱悦和修行呢?

其实,婚姻中的两个人,如果在发现问题的时候,先从自身找原因,努力去发现自己身上的原因,这是一切美满婚姻的基础。每个人用爱的力量和肯定的力量,当对方有问题的时候,我们不应该向外寻因,不指责,不抱怨,那么,对方也会意识到自己身上的问题,从而不把事态扩大化,带给彼此的是益处,而不会毁掉对方。

我们看一个故事:

亲密关系 让你遇见幸福，温暖前行

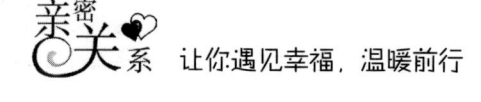

夏林非常苦恼，因为他的妻子太强势。在家里，他处处让着倒也罢了，在外面，她也不懂得照顾丈夫的感受。一次他和朋友玩麻将，结果妻子找过来，直接把桌子给掀了！害得他很久都在朋友面前抬不起头来。

"你就没有一点儿女人的温柔。"夏林吼道。

"你这个样子，还想让我对你温柔，做梦！"妻子回敬了一句。妻子最忍受不了夏林玩牌，平时挺好的一个男人，一上牌桌就忘了回家，而且对家不管不顾。

为此，他们总是相互指责和抱怨，一想到以后还要在一起生活几十年，他们就觉得继续走下去太难熬；可如果离婚，孩子怎么办呢？

他试探性地问儿子：爸爸妈妈分开好不好？儿子说：为什么要分开呢？

夏林说："妈妈总说爸爸不对，爸爸也总觉得妈妈不对，与其在一起吵架，还不如分开。"

儿子认真地说："我以前跟同学吵架，老师就说我，你别管别人怎么样，先把自己的臭毛病给改了再说！爸，我觉得妈妈管你是对的，您应该先把自己打牌的毛病给改了！"

儿子的话，让他愣住了：他一直在等待妻子改变，却从来没有想过自己要改变什么。他想：妻子怕是也是这样想的吧？于是他决定戒赌，就算是为了儿子，也要把自己的毛病改了。

他从没想过要戒掉一个习惯会这么难。朋友们一召唤他

第四章 家是港湾，更是一件艺术品

的时候，他就按捺不住，总想着就玩最后一次。可是自己又不能食言，于是就非常痛苦在家里转悠……

妻子每次看他这样，轻蔑地说："你这又是在折腾啥呢？"妻子不信他能戒得了。他在心里暗暗发狠：你等着吧，等我真的戒掉了，第一件事就是和你离婚！

他把床铺搬到书房里，想玩牌时就看影碟，一夜一夜地生熬过来。妻子来整理书房，看见满满一垃圾桶的瓜子壳和满桌子的影碟，再看看他，瘦了一大圈，重重的黑眼圈，突然有些心疼起来。

于是，她特意去买了两盒安神补脑液，放到他面前："每天晚上临睡前喝一支，总不睡觉人哪能顶得住？"他心里一动，内心像被什么触动了一下。

熬过了最初的半个月，他才觉得缓过劲儿来，不再去想玩牌的事，也有心情辅导儿子写作业了。他和儿子在一起时，妻子坐在一边织毛衣、翻杂志或者为晚餐准备食材，安安静静的。不再像以前，一见到他，就控制不住要指责他、抱怨他……

如今，她不唠叨的时候，家里是宁静的，宁静中有种温馨的情愫在流动，他的心暖暖的：这才是家本来该有的样子嘛。

妻子对于丈夫的变化是欢喜的，每天的晚餐桌上都会有一道他喜欢吃的菜。他们刚结婚时，她让他列了个菜单，将喜欢的菜都写下来，那时候她闷在厨房里，一样一样学着

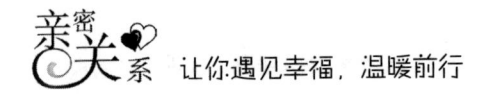

做。如果他说一声"好吃",她就会像孩子一样高兴得眉飞色舞!可渐渐地,她没有心思再这样做了,丈夫也好久没吃到这样的饭菜了。

想当初,她对他是多么好,可她也不知道从什么时候开始,怎么就成了一个满腹牢骚又尖酸刻薄的女人了呢?是因为她对他不好,他才去赌的?还是他总去赌博,她才对他不好的?想来想去也想不明白,但婚姻出了问题,两个人都是有责任的。丈夫突然对她有了一些内疚,他想:那个说话柔声细语、满脸笑容的女子,如今却变得像个悍妇,我是有责任的。

而她看到他竟然真的不再赌了,而且还劝他的朋友也不要再玩儿了,心里也很震动。她开始自我反省:是不是因为我对他的态度不好,他在家里感觉不到温暖才去玩牌的?一想到这些,她对他突然多了一些体谅。

当两个人都在自我反省时,就意味着他们婚姻中最坏的时光已经过去了。于是,神奇的变化发生了:之前他们想的都是对方的不好,可现在,脑海中都是对方为这个家庭的付出。

结婚纪念日那天,他们带着儿子,和和美美地吃了一顿烛光晚餐。晚上,两个人并肩靠在床头,她抱着他的胳膊说:你不赌博了,真好!他顺势亲了亲她的额头:你现在这个样子,很像我们刚结婚的时候!她笑了起来,把脸深深埋进他的臂弯里。

第四章 家是港湾，更是一件艺术品

他本来并没有寄希望她会变得温柔起来，但在他先改变之后，她竟然也变得温柔了。夫妻之间是一个互动的关系，一旦有一个朝着好的方向行动起来，另一个也会跟着行动起来，这样就形成良性循环。如果谁都不愿意先行动，那么婚姻里所遇到的问题将会成为一个死结僵在那里，最后成为顽疾，彻底毁灭了婚姻。

所以，经营婚姻，一个人如果不能容忍别人，至少部分是因为你内心深处在想"我永远不会像他那样"！只要你觉得自己比别人强，比别人更有优越感，你就会觉得无法容忍别人。如果你与家人相处时，"总认为自己是对的"，你只会批评别人，而且不是以别人可以接受的方式进行批评，你会变得过于轻蔑和粗暴。婚姻中最不可或缺的就是真正的饶恕：由衷地、完全地、没有条件地、不加惩罚地饶恕对方。

所以，在两性相处的这一修行中，改变自己是最好的修行，最终能实现自度度人，再推而广之还能惠及其他人。

中国的传统文化认为，夫妻关系的和谐是家庭幸福的关键。在对孩子的教育中，夫妻的相互尊重、配合、协调非常重要。哲学家埃里希·弗罗姆著名的《爱的艺术》中，则一语道破父母对孩子构筑精神世界的重大作用："母亲就是孩子的'自然世界'，父亲就是孩子的'思想世界'，孩子从对以母亲为中心的依附转到以对父亲为中心的依附，最终与他们分离……一个成熟的人，他就是自己的父母，在自己心中同时拥有父亲和母亲两个

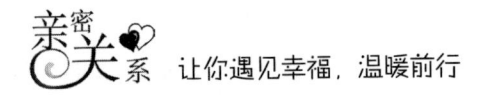

世界，奠定灵魂健康的基础……"

世上多数的家长都爱自己的孩子，也都努力想要变成一个成功的家长以期传承给孩子一个美好的未来，那究竟这个美好是靠什么检验的呢？是子女考入名牌大学，是他们毕业后找到一份高收入的工作，还是他们的功成名就？我认为，上面列举的那些可以是某种检验，但都不是最终的检验。

如果问父母，想要给孩子留下什么，或者说要教给孩子什么？我估计回答，留给孩子财富的要占多数。那么，有没有考虑，真正给孩子的财富是什么呢？在我看来，给孩子最大的财富就是给孩子以"爱的能力"。

不要小看这种能力。有的家庭给孩子留下了很多金钱和物质，但孩子依然没有获得幸福；有的家庭给孩子留下了很多学识，但孩子依然会遭遇婚姻的变故。

可能有人要说了，孩子学习好，毕业后找到一份自食其力的工作，还不行啊？父母难道还要负责他们婚姻的质量？现在的婚姻都是自由恋爱，怎么负责？其实，这个责任是一个家庭教育质量自然而然的反映。孩子成年后吸引异性的能力，吸引什么样的异性，择偶的品位，还有对幸福婚姻的理解和追求，自然而然就反映了家庭教育的水平，不是吗？也反映了父母婚姻的质量和教育的价值。

一块石头丢到水里，"扑通"一声在平静的水面上激起一层层涟漪，石头沉下去了。但一个一个圆圆的水波纹会持续很久，越扩散越远，不过越远的地方虽然波纹直径越大，但波纹会越

第四章 家是港湾，更是一件艺术品

弱。别忘了，看到的波纹只是水平的，其实石头往下沉的时候，垂直方向的影响力更深远。所以，石头对水池的影响是立体的。幸福也一样存在这样的水波纹现象，幸福的传播及影响也是立体的。

好的婚姻，和谐的两性关系，就是立体的传播。可能短期看不到影响，却不代表这种传承不深远。

所以，男女在彼此选择的那一刹那，在缔结婚姻的过程中，在营造家庭氛围的不断尝试和学习中，告诉自己，这是一次修行。为自己，也为自己周围其他的亲人；为现在，也为将来，更为子孙后代。真正做到，在婚姻中让自己成长，最后实现自度度人。

第五章
亲密关系，通往幸福的桥梁

第五章 亲密关系,通往幸福的桥梁

亲密关系决定孩子的成长

夫妻的亲密关系在当了父母以后,又会面临新的考验与成长。如果说检验两个人的成熟标志是什么?我想不是恋爱,不是结婚,更不是离婚或重组家庭,而是当父母。当医生需要考取医师资格证,当老师要考取教师资格证,即使是最简单的开车上路,还需要考取驾照。而父母是唯一一个不考取任何证书就上岗的职业。不但是终身的职业,而且是非常重要的职业。但很多夫妻在没有成为父母之前并没有任何经验,虽然有老人或过来人可以给其指点一二,实际上真正落实到自己孩子身上教育的时候,千差万别,一不小心就会把原本正常的孩子带跑偏了,引导坏了。

我接待过一个10岁就患上了抑郁症的孩子,与他多次谈话,发现孩子父母关系不好,每当两人吵架的时候,孩子就会陷入抑郁状态。发现孩子病情,父母停止了争吵,开始带着孩子求医问药,在孩子的病情好转之后,父母的焦点又回到了婚姻问题上,再次开始争吵,孩子的病情恶化,如此反复。

所以,很多孩子出问题,大部分原因出在父母身上。父母婚姻的质量,影响了孩子一生。家庭氛围是影响亲子关系的重要因素。家庭氛围对孩子的成长影响很大,会直接影响孩子的性格发

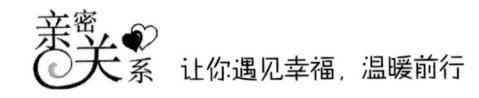

展。人的一生有三分之二的时间是在家中度过的。实践证明，在一个宽松、和谐的家庭气氛中长大的孩子，一般都具有健康的心理和开朗的性格；相反，如果家庭气氛很紧张，不和谐，孩子的性格容易变得孤僻、暴躁、冷漠。

同理，如果我接触一个陌生的孩子，几分钟之内通过跟孩子聊天和观察，基本能确定孩子背后父母的感情是不是融洽。孩子活泼开朗懂事明理，不用问，背后的父母一定给了他非常良好的家庭体验和情感寄托。

《斯宾塞的快乐教育》一书中，记述了一个这样的故事：

3对新婚的年轻人在教堂祈祷：上帝啊，请赐我一个可爱宝宝。

上帝将3个天使，变成3个可爱的孩子，降生在3个家庭中。

20年后，这3对夫妇再次来到教堂。

第1对夫妇说："上帝，您干吗赐我们一个暴戾、蛮横又贪婪的孩子，你为什么这样惩罚我们？"

第2对夫妇说："上帝啊，您赐给我的孩子胆怯、自卑又无能，我们不知道他以后靠什么生活……"

第3对夫妇说："万能的上帝啊，感谢你给我们送来了一个好孩子，他热情、聪明又有爱心，他简直成了我们快乐的源泉……"

上帝说：请审视你们自己吧！

第五章　亲密关系，通往幸福的桥梁

3对夫妇忽然在心中看见了自己。

第1对夫妇看见的，正是自己的暴戾、蛮横、贪婪，以及婚姻生活中的终日争吵；第2对夫妇看见了自己的胆怯、自卑、无能，以及他们对彼此的冷漠和轻蔑；第3对夫妇看见了彼此的热情、聪明、有爱心和相亲相爱。

他们忽然明白了什么。

上帝说：他身上的品质，正是你身上的；他心里的想法，恰好是你心里的。你将什么种子播撒给他，他就会长出什么果实。

这虽只是一个寓言，却再现了家庭教育的普遍现象：孩子会像镜子一样，反射着父母的一切。

你若温润如玉，他便成谦谦君子；

你若粗鄙无知，他便成跳梁小丑。

家庭教育观也会影响到孩子的成长。这在很多家庭中都存在，是一个普遍性的问题，即夫妻二人的教育观念不同，丈夫说这样教育好，妻子说那样教育好。如果夫妻两个持有不同的教育观，那么就会造成亲子关系的紧张，即孩子会不知道该听谁的，作出什么样的选择。对孩子而言，这是最痛苦的。严重者，孩子会谁的都不听，亲子关系当然就不会健康了。

在家庭关系中，夫妻之间的感情是最重要的，夫妻关系比亲子关系更重要。一方面，夫妻关系很和睦，能给孩子传递正面的教育，由于父母的相处和睦，孩子也会对婚姻产生美好的向往，

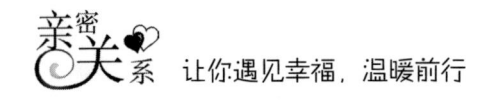

希望自己的婚姻就像父母那样相处；另一方面，父母双方能给孩子均衡的爱，这样，孩子便能从父母那里同时学习到男人的责任与女人的责任，这对孩子的成长是非常有益的。

在生活中的"异性相吸"，家庭中也不例外。有时，男孩更倾向于母亲，女孩更倾向于父亲。在夫妻关系较近的家庭模式中，"异性相吸"也是家庭关系达到平衡的佐证：男孩喜欢母亲，就会在潜意识中"嫉妒"父亲，"为什么母亲会喜欢父亲呢？"他就会在观察的过程中以父亲为榜样，学习父亲身上的优点，所以夫妻关系融洽，对孩子的性格塑造是有帮助的。同理，女孩喜欢父亲，就会在较早的童年印象里存在父亲的样子，那样，等到长大成人，就会以父亲为偶像，找到同样的男性为伴侣。

根据心理学研究，孩子在3岁前，如果是在爱与温暖的环境中长大，那么他长大后也会得到身边人的尊重和爱。这就是心理学上的"强迫性重复"效应，也是原生家庭对孩子最重要的影响之一。夫妻间的关系，就是孩子身上"原生家庭"关系。没错，如果一个人因为自己的偏执和不惑而怨念父母时，就要想想，今天做父母，正是自己孩子的"原生家庭"。父母彼此的爱与尊重，恰是孩子的阳光雨露。

从现在起，好好经营自己的家，因为，你们是父母，更是夫妻！而且夫妻关系决定亲子关系。

第五章 亲密关系，通往幸福的桥梁

给孩子树立良好的榜样

我在给学员上课的时候，问大家，有没有在家里当着孩子的面争吵甚至动手的？现场一片沉默和互相对视而笑，不用说，这个问题的答案显而易见。很多夫妻在有了孩子后矛盾会增多，彼此意见不合、立场不同的时候会增多，这样相对而言纷争也会多起来。一言不合争吵的太多，能在争吵的时候顾及孩子的却不多。因为，当事人各自憋着火的时候，很少有理智想到不要殃及别人，尤其是孩子。

有一次我去给一个学校的孩子们讲课，问孩子们最怕什么？孩子们有说怕考试成绩不理想，有说怕早晨起不来迟到被罚，有几个孩子给我印象很深，他们说最怕的事情就是爸爸妈妈吵架，他们说，看到爸妈吵架觉得家不温暖，内心十分恐惧。

小萝和丈夫离婚的时候，3岁的儿子归小萝。很快，前夫组成了家庭，从此几乎从她和儿子的世界里消失。小萝生性倔强，不让儿子去见前夫，坚持一个人养大儿子。

为了保证她们母子的生活，她留在城市打工，把儿子送回了老家，和姥姥一起生活。儿子很争气，不但学习成绩很棒，而且被一个游泳教练挖掘，进入了省游泳队。但现在，

163

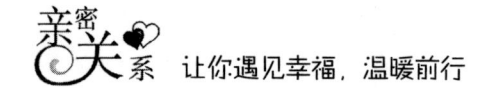

每次打电话，儿子都不愿意和她说话。为了加强跟儿子沟通，她经常坐车去省城看他。可儿子后来却跟她说："妈，你别来了，每次都是你一个人，其他同学都是爸爸妈妈一起来的。我看你一个人心里难受。"后来老师也说，在儿子的作文里，孩子写恨爸爸，从小就把他给抛弃了。

另一个案例是：女儿10岁时，苏瑞跟丈夫离婚了，为了给孩子一个快乐的童年，她和丈夫隐瞒真相，在孩子面前要维持一个完美家庭的表象。突然有一天，女儿哭着跑回家，对她说："我同学看到爸爸和一个阿姨在一起。"苏瑞为此质问前夫，经过一番争吵，他们再次协议：离婚这件事要对女儿隐瞒到底，即便自己有了新的感情也要瞒着孩子。本以为表面上保持"家庭完整"，孩子就不会受到伤害。但女儿对一切早已知晓，只是她从不说破。在青春期时，苏瑞发现女儿有严重的心理问题，对所有接近她的男性都非常排斥。这还不是关键，关键是一直到了大学，女儿也不谈恋爱，不相信爱情，更不相信婚姻。最后大学毕业走上工作岗位，一直到了30岁大龄老姑娘还没把自己嫁出去。

可见，父母的婚姻质量对孩子的影响可不是一般的大。

如果父母亲关系很糟的话，对孩子的影响会很大。孩子最突出的会出现三个方面的问题：一是缺乏安全感，在一个天天吵架要离婚的家庭，孩子必然会缺乏安全感，这种缺失会影响他一生；二是缺乏责任感，孩子会因厌倦这种家庭氛围，而对婚姻感

第五章 亲密关系，通往幸福的桥梁

到失望，对他人和社会没有责任感；三是容易形成不良的人际关系，父母打闹不和谐或疏离的相处模式，会影响孩子与他人相处的人际关系模式，特别是会影响未来的夫妻关系。这也是为什么通常父母离婚的家庭，孩子离婚率较高的主要原因。

我们再看一个案例：

有一个女孩，从小目睹爸爸妈妈在她面前的各种"秀恩爱"，内心里十分愉悦。她知道自己生活在一个和谐温暖的家里。妈妈温和，爸爸慈爱。平时很少见父母吵架，更不要说动手。所以，她在这样的家庭中长大，自己变得温婉可人，在择偶的时候，她从小心目中的白马王子就是爸爸那个样子。幽默、风趣，有责任心，最主要还爱妈妈。她结婚后，也遗传了母亲的性格，温柔开朗，遇事不钻牛角尖。跟丈夫幸福地生活在一起。

所以，作为父母要给孩子一个美好婚姻的榜样，孩子将来才能对自己的婚姻有爱的能力。国外一家知名婚姻情感研究机构关于"父母给孩子最大的礼物是什么"的调查研究结论显示："父母给孩子最好的礼物不是财富，而是一个好的婚姻关系。"幸福婚姻是孩子一生的能量加油站。想要孩子拥有幸福，我们首先要做个幸福的人。在我看来，有一种传承叫"美好婚姻"。

有一个朋友结婚快30年，依然和妻子十分恩爱。他说之所以能让婚姻这么顺畅，在于从小目睹爷爷和奶奶、爸爸和妈妈的婚

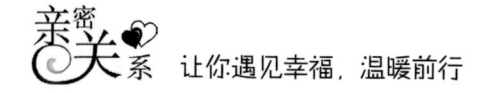

姻都很美好幸福，所以耳濡目染也就成了那样。

他是这样说的：

从记事开始，父母之间就没有吵过架，几十年了，别人家锅碗瓢盆不知道摔了多少，唯独我们家和和美美过着日子。爷爷奶奶之间更是默契得简直让人羡慕，爷爷早上5点钟就去地里干活，等他回家的时候家里奶奶已经做好了饭菜，简单的农家菜也能经常变出花样。爷爷其他都好，就是嗜酒，奶奶亲自去学酿浓度较低不伤身的桂花酒，因为这个酒比其他的稍微不伤身一点，每天锅里总会温上一壶，酒飘着淡淡香味。他们之间的恩爱，倒不是那种让旁人看着起鸡皮疙瘩的感情，而是将对彼此的感情浸润在生活的小细节，润物细无声。也许是在爷爷奶奶的熏陶之下，爸妈的相处亦非常和谐。因为看着爷爷奶奶和爸爸妈妈都那么相亲相爱，所以到了自己结婚成家也就沿袭了他们的一些对待婚姻和家庭的智慧和能力。

网上有个帖子，是一位在目睹爸妈各种"恩爱"下长大的。在她看来，父母的那种爱，给了她强大的安全感。爸爸妈妈的相爱，并没有让孩子觉得自己爱少了，而是觉得爱多了。她说：

1.自我记事起，几乎每天傍晚爸爸妈妈都会一起在厨房做晚饭(除非真的有推不掉的应酬)。有一次做晚饭，两人唱着歌，拿着锅铲的爸爸回头与端着盘子的妈妈深情对望了一眼，恰巧当时夕阳透过窗户洒进来，简直浪漫极了，那画面我永远都不会忘。

2.爸妈在不同的单位上班，在工作日爸爸一天会打两个电话给妈妈，中午一个，下班前一个。中午讨论的问题是，你今天吃什么菜呀，我吃了什么什么；下午讨论的问题是，我们晚上吃什么菜呀，我想吃什么什么。

3.之前微博上一个话题是怀孕难产保大人还是保孩子，我背着妈妈问爸爸，他毫不犹豫地说："当然是保我媳妇啊，当时我又不认识你……"

4.有一天，我和妈妈一边吃零食一边在电脑前追剧。爸爸过来，看到我在吃零食，张嘴就说："吃吃吃，又要成胖子了……"还比较凶。我不服，说："我妈也在吃啊！"我爸居然来了句，"你妈胖她已经有人要了！你呢？"

如果每对父母留给孩子的都是这种可圈可点、可记忆的美好又甜蜜的记忆，我相信，孩子也会有很棒的爱别人的能力。可见，给孩子树立一个美好婚姻的榜样可以惠及好几代人。父母的婚姻好不好，孩子是个最客观公正的检察官。用美好的婚姻给孩子留下印记，我想是为人父母应该重视并努力去实现的。

爱孩子是所有父母的天性，错的是他们爱孩子的方式过于盲目和无理性。只是一心一意地去爱，却忽略了孩子未来发展与情感生活，他们没有为孩子起到情感上的引导，从而使孩子习惯了消极的依赖之后，一旦需要独自面临新的挑战时，便无所适从。因此每一位深爱孩子的父母，一定要以自己的幸福为榜样，引导孩子爱的能力。

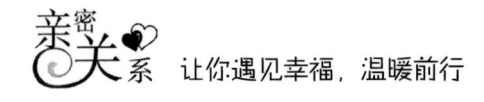

父母在爱孩子的同时，要保持理智，每一位家长要认识到，今天的孩子最终是要离开父母那无微不至的爱和呵护，走向独立生活的道路。他们未来的好坏，关键在于他们是否具备未来生活所要求的基本素质。因此，在社会生活中，情感的稳定要大于个人能力。为孩子保留一块自主发展的空间，使孩子具备适应今后社会和生活的基本素质，这样的爱才是真正的爱和理性的爱。

所以，孩子的身上藏着背后父母的婚姻质量，努力给孩子做出美好婚姻的榜样。

家教家风的接力和传承

我国大部分家庭有留存家族宗祠的传统。翻开其中的族谱，能够查到好几辈人的事情。很多时候，下一辈会感念上一辈的恩情，也学习上一辈的优良家风。我想，这是一种值得推广和传承的好传统。一个家真正的含义，就是接力和传承。

有人说，看一个人要往上追三代，他的祖上是做什么的，往往会把这种印记留在他的后辈儿孙身上。

现在经常有各种财富排行榜，在讨论家庭要有多少资产才能传承下去。其实在中国人的传统概念里，最好的家庭资产就是家教和门风。

过去的风俗里，每个家庭都有它的伦理规矩，过去说张家村、李家店、赵家祠堂等,基本上一个村的人都是同姓,他们的孩子做错了事,要去跪祖宗祠堂,觉得没有脸面见祖先。很多祠堂里是有祖训的,即使是寒门,也有自己门风的。

在我国古代,人们非常注重庭训家教。一些名门望族,有识之士都很致力于锤炼家庭成员的精神与品德,以求后代不辱祖先,光耀门楣。我国历史上有很多著名的家风与教子故事,向来广为流传,被人们津津乐道。

魏晋南北朝时期,北齐思想家颜之推写下四万多字的《颜氏家训》,以传统儒家思想教育子弟如何修身、治家、处世、为学,并告诫子孙不可自恃门第、骄逸怠惰,同时希望后世子弟能将士族门风维系不坠。颜之推提倡学习,认为学习应以读书为主,还要学习工农商贾等方面的知识;主张"学贵能行",反对空谈高论,不务实际。他鄙视和讽刺南朝士族的腐化无能,认为那些纨绔子弟大多没有真才实学,只会讲求华美的服饰,一旦有了变故,除暴尸荒野,别无他路可走。

朱子的《治家格言》,朴实又极富哲理的语言,告诉后辈儿孙勤俭之道,立身之道,择以之道,嫁娶不重财色重人品之道等等;《朱子治家格言》中讲的扫洒庭院、关闭门户等看似简单的小事,恰恰是一个人做事态度和品德修养的外在表现。对于我们现在的人来看,养成良好的卫生习惯和学习习惯很重要,如果不端正态度、没有高度的责任心、就不能养成良好的习惯,我们要摆正心态,脚踏实地地学好本领,逐步培养严谨细致的习惯。同时,要养成未雨绸缪的生活作风,变被动学习为主动学习,防止临渴掘井。

曾国藩家训说,看一个家庭兴衰要看3点:

1. 看子孙几点起床,假如睡到太阳都已经升得很高的时候才起来,那代表这个家族会慢慢懈怠下来;

2. 看子孙是否经常做家务,因为勤劳、劳动的习惯影响一个人一辈子;

3. 看后代子孙有没有在读经典,"人不学,不知义,不知道"。曾氏家传承着祖上的训诫才能打破了"富不过三代"的魔咒,曾族代有英才层出不穷,出现了像曾纪泽、曾广均、曾广铨、曾昭抡、曾宪植等一代代杰出人物。

再看近代,不同的国家,不同的家庭,都意识到从小在家庭培养孩子好的家教家风的重要性。

在日本,孩子从小就会被灌输"不要给人添麻烦"的理念,日本的教育理念很先进,整个民族严于律己,形成"做事守规矩""遵守秩序"的社会规则。正因如此,日本人对帮助自己的人深怀感恩之心,不了解日本的人常常会有"日本人礼貌到过分"的感触。

为了培养孩子的冷静与忍耐力,在吃饭前,日本人甚至会教育坐在美食边上的孩子"等几分钟再吃"。这种忍耐和冷静使日本人具有超常的专业精神,无论工作还是生活,都认认真真一丝不苟，日本产品、日式服务由此受到世人的认可。

在德国，父母最关心的就是培养孩子的独立思考和动手能力。孩子能不能考上名牌大学没关系，只要孩子能够学到一技之长，有创新意识和能力，就不愁没前途。

作为父母，爱孩子就要为之计深远。而家教家风的从小灌输和影响才是最关键的。我们经常在网上看到的很多关于孩子负面成长的案例，追根溯源，家教家风往往很脆弱甚至根本就没有。不是父母不懂教育，就是家庭没有形成正向的价值观和家庭风气。

作为社会的基本细胞、人生的第一所学校就是家庭，家庭教育对个人成长有着不可替代的重要作用，乃至于留下终身烙印。处于启蒙阶段的孩子，父母的言行便是最好的榜样，家风家教是孩子价值观养成的"第一粒扣子"。然而，在日常生活中，有些父母没有为子女树立好榜样，反而在孩子很小的时候就开始灌输"金钱至上，权力至上，为了自己利益可以不择手段"之类的错误思想，为日后走上为金钱跟人反目，为权力铤而走险的道路埋下祸根。

家风有一种潜在无形的力量，会对孩子的成长产生潜移默化的影响，对孩子的心灵熏陶、人格塑造、性格培养都是一种无声的教育、无字的典籍、无言的力量。

每一个人都有自己的原生家庭。原生家庭有良好的家风，能帮助孩子健康成长；原生家庭不重视家风建设，孩子在成长的过程中就会走很多弯路。好的家风会有一些共同的特点，如良好

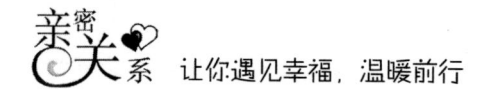

的道德氛围、健康的思想氛围、积极的情感氛围、认真的学习氛围、节俭的生活氛围等。正是这样的氛围，才能把孩子塑造成一个身心健康、有担当的人，乃至对社会有突出贡献的人。

在市场经济快速发展的今天，我国婚姻家庭领域存在着一些急需解决的问题：恋爱观上的拜金主义、婚姻中的闪结闪离、家教中的过分溺爱、孝道中的亲情淡薄，甚至一些有名望和社会地位的人由于不重视家风建设致使自己或是子女走上了违法犯罪的道路，这些教训是沉痛的。因此在组建家庭之初，就要有家风传承意识。

夫妻是承上启下联结的纽带

一个家庭组建后产生的第一对家庭关系就是夫妻关系，在此基础上才形成了亲子关系以及其他家庭人际关系。夫妻是家庭的核心，夫妻关系的好与坏直接影响着家庭的稳定与否。

婚姻家庭关系中，上有老，下有小，意味着至少存在着与上一代的继承关系，与下一代的亲子关系，另外还会因为夫妻中另一方的原生家庭而建立起来的例如翁婿关系、婆媳关系等多种关系。在婚姻家庭众多的关系组合中，夫妻关系是轴心，所有的关系必须紧紧围绕夫妻关系来展开。假如夫妻关系不能做到一体

第五章 亲密关系，通往幸福的桥梁

化、核心化，那么错位的关系本身，必定会出现问题。

在我接触的案例中，有一对夫妻快要过不下去，起因是孩子。

丈夫小李是运渣土的大车司机，一年时间回家有数。妻子小梅带着双胞胎女儿在家当全职妈妈。按理说，这样的四口之家应该很幸福。恰恰相反，因为双胞胎宝宝的早产，花费了不少，再加上同时要养两个孩子，妻子有些吃不消。婆婆和妈妈都来照顾月子。本来老人帮忙是件很不错的事情，却因为同住一个家里，出现了矛盾。妻子小梅说婆婆嫌弃自己生的是女孩，虽然在帮忙却显得心不甘情不愿，做什么事也不主动。倒是自己妈妈很累很辛苦，每天做饭买菜不说，还要夜里起来好几回帮着给孩子冲奶粉。明显自己的妈才心疼闺女，婆婆把自己当外人。等到丈夫回家，小梅就大倒苦水，在丈夫面前挑剔婆婆的不是。丈夫一开始还能站在妻子这边，私下里会找自己的妈了解情况，而婆婆并不买账，也向自己的儿子倒苦水。说同样的活儿，自己干了儿媳妇就不买账，既没功劳也没苦劳。而她的妈妈干了活人家就说累了辛苦了，明显儿媳妇没把一碗水端平。丈夫听了自己妈妈说的也有道理，就跟妻子理论，说你妈是妈，我妈也是妈，不能重视亲妈忽视别人的妈。妻子就来气了，说丈夫偏心向着他妈，不心疼自己的老婆，于是开始哭闹，发泄。丈母娘看到自己的女儿受了气，也不甘示弱，认为自己的女婿不识好歹，自己嫁了女儿没有享福，还要跟着受累，还要受到丈夫的指责。于是，也开始掺和

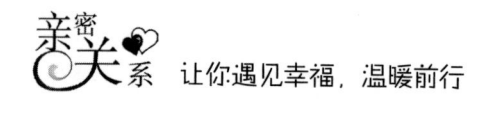

了一把。

就这样,明明很好的一对夫妻,却因为互相不理解开始争吵。丈母娘带着女儿回了娘家,并扬言要让女儿离婚。婆婆一气之下,甩手不管了。丈夫非常崩溃,孩子还小,妻子赌气不回家,因为生气没了奶水,两个孩子竟然开始出现了严重的腹泻。双方老人跟着受气,日子过得十分糟心。

这样的事例在普通家庭经常上演,尤其是有了孩子的开始几年。如果有老人帮着带孩子,这样的矛盾经常难以避免。如果一对夫妻不会处理,就会上演矛盾越演越烈。会处理的则会大事化小,小事化无。

我常说,夫妻是一个轴心。如果两个人没有处理好与周围人的关系和情感,就会上扰老人不安,下影响孩子不安。

《夫妻规》里有言:在一个家庭中,只要夫妻和睦了,天地间就都和睦了。

在一个家庭中,如果夫妻之间互相埋怨,那全家都是昏暗的负能量状态,如果夫妻之间互相争斗,那全家都会动荡不安。

在一个家庭中,如果夫妻关系好了,全家关系就都好了,老人和孩子们都很欢乐,家中人人都是安心的。

在一个家庭中,如果夫妻关系不好,那全家关系都会很糟糕的,老人和孩子们每天都会很忧愁,心也不会安。

夫妻要孝敬双方父母,父母在,家才有灵魂。回到家来,亲热地叫一声爸妈,我们才能充分感受到家的温暖。家有老人,

第五章 亲密关系，通往幸福的桥梁

你还能保留一份儿时的童真。工作和事业失败了，可以重来。孝敬父母的时光却永远不能重来。当父母健在的时候，要好好尽孝，否则，人生会留下永远的遗憾。而老人对儿女工作和生活上无条件地支持，更让我们感受到了父母的恩情和无私的爱。父母尚在，也昭示着生命的黄昏离我们还很远，在生命的正午，我们还有更多的时间把梦想变为现实，脚下的路，还是那么的阳光灿烂。上有老的时候，我们应该感到幸福。因为我们已经褪去了年少的青涩，洗尽了生活的铅华，懂得了感恩，懂得了回报，懂得了珍惜和付出。

夫妻要呵护下有小的岁月。在孩子没有长大的时候，证明父母还年轻。参与一个孩子的成长是幸福的，也是短暂的。等到某一天，孩子不再让你牵他的手，想要挣脱你的视线和保护范围独立去闯的时候，父母也就人到中年。

夫妻是一家的轴心，以和顺为本。也就是以全家安乐为己任，造福一家。上要尊老，下要爱幼。用感恩心去完善一切，让家庭上下和睦。向子女宣扬老人的功德，做尊老敬老的尽孝榜样给子女看，用感恩长辈来启蒙后代。

亲密关系 让你遇见幸福，温暖前行

把生活过幸福是一种义务

很多相爱的人，走着走着就散了。很多幸福的家庭，过着过着不和睦了。这其中当然有大环境的生存压力、经济压力，以及各种各样的诱惑。更多的是，我认为，我们把过日子想得太简单，而过得太复杂。

为什么这么说呢？寻常日子不是一起搭伙过日子那么简单，过起来也需要智慧。否则，一不小心就在生活这条河里触礁翻船了。

假如把过日子当成修行，那么我们每个家庭成员是否是心怀虔诚呢？当一个人心怀虔诚就会时时觉察，自己是否用良言暖语示人，是否能换位理解对方立场。当家里出现纷争或矛盾时，能在争吵的时候很快喊停。因为，把普通生活过幸福是一种义务。

婚姻就是个容器，男人和女人像两种物质，放在一起，依靠相互的体贴和关怀，让本来很苦的生活散发出香味来。

结婚后，随着生活中无尽的琐碎繁杂的小事，不可避免要产生摩擦，时间久了，感觉自己的妻子不如别的女人漂亮，也有的男人，因为有了名气和金钱以后，就要选择抛弃糟糠之妻；忘记了自己的妻子曾经也是如花似玉，青春年少。她也曾经年轻、漂

第五章 亲密关系，通往幸福的桥梁

亮过，她为生活、为你付出了一切。所以，维护幸福的家庭，丈夫要做到：

不要问你的爱人窈窕身段哪里去了，请回头看看你的孩子，因为她把一切都给了孩子；

不要问她美丽的容颜哪里去了，因为你在外打拼累的时候回到家是如此的温馨；

不要怪她爱逛街，不要怪她不穿漂亮的衣服，不要怪她总是不修边幅，不要怪她没有别的女人那么美丽，因为她倾其所有给了家，给了孩子，给了你——她的男人。

妻子为家庭、为你所做的一切都是心甘情愿、不求回报的，她是世界上除了你的父母最爱你的、最懂你的、最愿意为你付出一切的人。

她是一个和你没有血缘关系，却为你深夜不回家而牵肠挂肚。

作为妻子，不要唠叨你的丈夫懒，不求上进。言语是一把利刃，你想把你的男人变成什么样的人，你就说什么样的话。你说他是懒汉，他就会真的懒给你看。你说他是顶天立地大丈夫，他就真的变成大丈夫。

不要抱怨你的丈夫穷。穷与富，不是一个固定的数。你可能住陋室，没有车。想想还有比自己更穷的人。穷有穷开心，富有富伤心，过日子今天比昨天好就幸福，而不是跟人比较得来的幸福。

亲密关系 让你遇见幸福，温暖前行

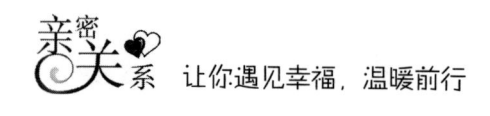

不要嫌弃你的丈夫不浪漫。生活的柴米油盐夺走人脸上的青春也会消磨掉年少的激情和浪漫，他做一顿饭就是浪漫，他能给孩子洗一次尿布就是浪漫，能陪着孩子玩一次是浪漫。

最后，男人和女人之间要呵护彼此，不要征服。不谈论谁是对的，追究谁是错的。讨论谁伤害了谁，谁过分了！这些都是大忌。家不是讲理，而是讲情的地方！

好夫妻，永远都在相互装傻、相互谦让、相互护短。能够护短的亲人，才是真爱！

如果两个人都很精明，什么事都要弄个究竟、搞个明白，那在日常生活中，肯定是争吵不断，活得一点儿也不轻松、不快乐！

家庭气氛，特别是家庭成员之间的感情，直接影响着孩子的性格、思想和品德的形成和发展，影响孩子的身心健康。尤其是低龄孩子，各方面的水平迅速发展，而美满和睦的家庭环境则为他们的健康成长奠定了最基本的基石。父母互敬互爱，家庭生活井然有序，孩子可以无忧无虑，热爱生活，对周围的事物充满好奇与求知欲。研究表明在夫妻关系恩爱家庭生活中的孩子，不但心理比较健康，而且智商也高。美国一位心理学家对4000多名独生子女进行了长期调查，他发现：家庭和睦、常有笑声相伴的家庭，孩子的智商都比不和睦的家庭的孩子智商高。

所以，幸福家庭的终极秘密是维护一场幸福婚姻，给孩子上

第五章　亲密关系，通往幸福的桥梁

一堂两性相处的课，让孩子在父母幸福的状态下长大，学会如何与异性相处，未来如何收获一段美好婚姻，最关键的是，孩子可以习得如何爱己爱人的能力，学会如何幸福地生活。

第六章
亲密是不委屈自己，不改变对方

第六章 亲密是不委屈自己，不改变对方

婚姻中的互补关系

A小姐遇到B先生的时候，被其温和内敛、不急不火的性格所吸引，她想，自己的性格属于那种风风火火，走路带小跑的急性子，遇到这样的慢郎中正好调和。

结婚后，每天早上的A小姐都把上班之前要做的事情挤在20分钟的时间里完成，而丈夫B先生则是慢慢吞吞，连洗漱的速度都是慢慢悠悠，两人为抢卫生间没少发生争吵。

平时在家搞卫生，A小姐三下五除二就洗了衣服整理了卧室清洁了厨房，回头一看，丈夫抱着拖把才蹭干净了两个屋子的地板。A小姐急脾气上来就会指责丈夫，结果B先生正好乐得清闲，他立刻就甩手不干了，不管A小姐怎么要挟吵闹，B先生就是沉默无语不接招。两个人有一次去外地玩儿，眼看火车检票时间到了，A小姐都急得心到嗓子眼儿了，看着前面的人都陆续进站，而B先生这才慢慢悠悠地出现。A小姐非常生气立刻开始抱怨，眼看要误火车，咋就不急不躁呢？而B先生则轻描淡写地说，不是还没误火车嘛，早上车晚上车还不一样。

在日常生活中，A小姐属于那种事事想往前赶的人，而B先生正好是那种天塌下来也不慌不忙的人。A小姐非常难过，

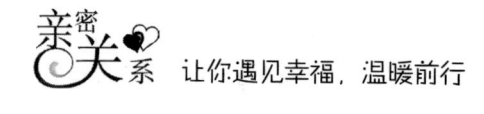

原以为急性子遇到慢郎中是互补,没承想恰恰是煎熬。

支着:婚姻中的性格不合是大多数夫妻关系亮起红灯的原因,甚至超过第三者插足,超过经济收入,超过各自的原生家庭介入。而往往结婚,相异的性格正好是彼此吸引的契机。正所谓,自己身上没有的才更愿意在对方身上找补。所以,基于这种认识,对待生活中彼此性格不同的时候,要摆正自己的心态,把争执视作理性磨合期,千万别消极视之。与其强迫对方改变,不如把他发配到婚姻里最适合的位置上去。比如B先生性子慢,让他擦洗油烟机、修理马桶,这些可都是慢工出细活的好地方;比如A小姐性子急,那么正好去干一些需要快速完成,用时间换速度的事情。这世上没有对错的性格,只有分工失误。在家里设置一个情感角,允许对方在这个地方发泄、消化自己的情绪。

不解风情碰上追求浪漫

38岁的大龄男青年郝先生喜欢上了刚刚30出头的艾小姐,两个人相恋2年。在谈婚论嫁的时候遭遇了阻力,男的说自己老大不小需要有一个踏实的婚姻。而艾小姐则认为郝先生大男子主义不解风情不懂浪漫,想要结束这段恋情。

比如,相恋100天的时候,女的提出要庆祝一下这个节

第六章 亲密是不委屈自己，不改变对方

日，提出要过一个烛光晚餐，而男的则认为100天既不是情人节也不是春节，没必要整这些花样，遂拒绝烛光晚餐，随便吃了一些家常便饭。

女的认为穿衣服要时尚浪漫才好，而男的认为踏实稳重才好。平时郝先生忙于工作，一年四季只穿西装，而艾小姐则不然。她喜欢穿短裙、露背装，喜欢佩戴小首饰、喜欢做美甲。一次，给郝先生过生日送他的礼物是一条破洞牛仔裤。在艾小姐眼里，那样穿着才显活力，而郝先生却认为这种前卫的穿衣风格不适合自己，不予接受。

相恋1年的时候遇到情人节，艾小姐满心以为郝先生会迎合自己的浪漫，要么送香水，要么送鲜花，再不济也应该送一条项链吧。郝先生却别出心裁地送了艾小姐一捧菜花，并说菜花既便宜又浪漫，两天后还能炒着吃。艾小姐非常生气，认为郝先生既抠门又不懂女人的心。

艾小姐认为郝先生能带自己看演唱会，游山玩水才是真正的爱和浪漫，而郝先生则认为把这些钱省下来给双方的父母补贴家用更实际。

于是，两个相恋2年的大龄男女，在即将步入婚姻之门的时候卡了壳。

支着：爱情和浪漫不是一件能画等号的事情。爱情的表达方式有很多种，浪漫只是其中一种。女人大部分喜欢形式主义上的浪漫，而男人更务实或更追求实际，尤其对于一个步入中年的

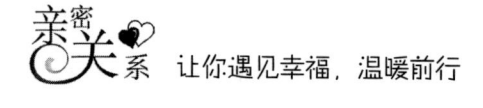

男人会考虑生活多于浪漫。男人有生活的压力,需要女方的小浪漫来冲淡压力,缓解生活的紧张。而女方一旦过于注重浪漫,则会把自己陷入另一种危险,比如随便一个有心机的男人都可以通过一次演唱会,几次小浪漫俘获芳心。过日子,既需要郝先生这样的讲究实际,也需要艾小姐这种浪漫当佐料。只有这样,才是真正的生活。彼此在自己的观念上稍做调整,则是很不错的一对伴侣。

过度纵容与无理取闹

菜小姐和左先生是在一次大学校园同学会上相识的,两人彼此有好感,很快便确立了恋爱关系。左先生比菜小姐大两届,早两年参加了工作,当菜小姐还在读大三的时候,左先生已经晋升为一家公司的主管,矛盾也随之而来。

菜小姐把所有精力用在监督左先生与人的交往上,比如,每天左先生下班回到家的第一件事,就要把手机交给菜小姐。她会从头翻到尾,查询有没有她不熟悉的陌生女性跟自己的男朋友聊天。有一天,正好是左先生的客户跟他聊完。菜小姐发现有了异样,就询问对方,"你是谁",对方回复"哎呀,这么快就把我给忘了,真让人伤心"。菜小姐认为此人和自己的男朋友之间有问题,没经过左先生同意就

第六章 亲密是不委屈自己，不改变对方

把对方给拉黑了。导致左先生工作中失去了一个重要客户。

左先生非常生气，但他忍了。

又一次，两人在火锅店里用餐。这个时候，左先生的手机响了，等左先生接起来是一个女性打来的，菜小姐又以非常快的速度从左先生的手里抢夺了手机，并大声质问，对方是什么人。左先生只说是同事，菜小姐一气之下把左先生的手机扔进了沸腾的火锅里，自己气呼呼地走了，左先生又气又急，捞完手机又赶去追菜小姐，却不见踪影。为此，菜小姐一个月不和左先生说话。

左先生非常苦恼，觉得自己的女朋友不可理喻，但他没有跟她讲道理，而是继续选择了容忍。

直到最后一次，因为左先生在公司开会，错过了去接菜小姐。菜小姐便直接打车找到了公司，她进去的时候，正好看到左先生跟一个女同事在一起研究一个策划方案，头对着头。这个时候菜小姐又一次发挥了高超的想象力，她直接当着左先生同事的面，扯着左先生的耳朵把他拉了起来。疼得左先生嗷嗷直叫，在同事面前颜面尽失。

终于忍无可忍的左先生提出了分手，他实在忍不下去了。但菜小姐却泪眼婆娑，苦苦挽留，说离开他就活不下去，所有的无理取闹都是因为太爱对方了。

支着：一个人对另一个人爱得越深，占有欲就越强。但反过来，一个人的占有欲越强却不能代表她就爱得越深。真正的爱，

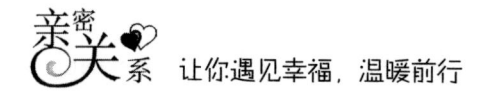

是人格上的独立情感上的占有；是天天想要黏在一起，但分开又不会去猜疑；是彼此有着深深的眷恋，十分想要霸占又能克制，而不是完完全全无原则的依赖。如果一个女人用哭和眼泪去挽留一个男人，并认为失去他就天塌下来，这不是爱情，是自私和不独立，也是对对方的绑架。男生的问题则在于，既然之前能忍，而之后却忍不了，自己是有责任的。爱一个人就要帮助对方成长，而两年来，除了一味地纵容和忍让，并没有让自己的女朋友明白是非和爱情中的底线。所以，这是两个人都需要认识到自己的问题的案例。

温柔的暴力也很冷

E先生是个活跃分子，走到哪儿都能活跃气氛，所有人都说，C小姐嫁给他，一定天天笑得合不拢嘴。这话只说对了一半，外人只知道E先生开朗的一面，没看到他也有晴转阴或者直接狂风暴雨的时候。

C小姐每次提着满满当当的购物袋进门，E先生就会阴着脸关门、摔杂志弄得当当响，有两次更是悄悄选了两件新衣服送给自己妹妹了，C小姐气得摔了东西。有几次C小姐跟闺密聚会聊得忘了回家做晚饭，E先生就变成隐形人，不答话、不听解释、不吃她做的饭，因为这些鸡毛蒜皮的小事，他能

第六章 亲密是不委屈自己，不改变对方

憋上一个多星期，C小姐有一次找不到要用的资料他也不搭腔，事后还幸灾乐祸。最严重的一次，C小姐跟几个朋友吃饭，其他人临时有事来不了，饭店里只有她跟一个男的，正好被E先生撞上，他二话没说转身就走，关机失踪了3天，都快把C小姐给急死了，婆家人更是抛给她一堆难听的话。

总觉得婚姻里像埋了颗定时炸弹，C小姐渐渐失眠、烦躁，甚至跟E先生从吵架到动手。她不止一次冒出过离婚的念头，被她妈给骂回去了，性格不合早干吗去了，一个屋檐下过日子，哪有舌头不跟牙齿打架的？E先生坚决不离婚，他说自己丢不起那人。C小姐却有种窒息的无奈。

支着：一个家里，总会有一个遇到问题只会选择冷处理，不明白哪里出了问题，让另一方摸不着头脑，吵架都找不到原因。这种婚姻中的冷暴力需要热处理。第一时间解决最好，免得积怨越深，难以化解。如果遇到一方不听不说，另一个想要缓和的人可以在便利纸上写下想说的话，贴在他床头上，或者留言、录音，等他一个人时，他肯定会看的。别总单独行动，主动拉他一起参加，把对立派催化成合伙人是个不错的出路。自己也要时刻注意个人行为，放在婚姻里就是集体行为，多为对方着想。但也要让对方明白你的底线，火候把握好是关键。

可怕的强迫性重复

小美结过3次婚,最后都是以婚姻失败而结束,而且遇到的3任丈夫都是那种外遇且有家暴倾向的。也就是说,小美结了3次婚,选的人几乎一样。

3次离婚都因为男人有外遇。小美说她有一位风流倜傥的爸爸,从小留在小美记忆中的就是,父母的感情不和。而导致不和的真正原因来自父亲,爸爸经常在外面乱搞男女关系,每次事发之后,爸爸就哭着求妈妈原谅,妈妈为了给小美一个完整的家,前两次原谅了他,可父亲还是不改。最后,妈妈选择了离婚,任凭当时年幼的小美如何撕心裂肺地哭泣,爸爸还是离开了家。那时候小美才6岁,以为父母的离婚都是因为她不够好。于是她变得很乖很听话,深深怕被遗弃。后来,这份恐惧和低价值感随着她的长大慢慢消散,然而却在潜意识里留下了深深的烙印。以至于她总是对有着爸爸特质的男人情有独钟——有点儿坏,不是那么体贴人,还挺有女人缘,甚至是不顾家抑或不懂事、不成熟、特别孩子气,在别人看来有一堆毛病……这样的男人因为人格不健全反而让她母性大发,因为他的不好正好能衬托出她的好。

所以,小美在选择伴侣时一次又一次犯着强迫性重复而浑然不觉。

支着：在心理学研究方面，两性相处中的确有强迫性重复，比如，有的人受不了母亲对自己控制欲太强，什么事都要管，长大后却娶了个很爱"管事"的太太，然后开始重复童年的痛苦，还试图要从她身上重新寻得自己追求了一辈子的尊重，心理空间与独立自主的权利。有的人受不了父亲太过懦弱，不能保护自己，长大后不知不觉地就嫁给了身上带着自己父亲懦弱心理特征的"阿斗"，潜意识中希望借自己的努力帮助他，使这个阿斗变得坚强，能带给自己从未在父亲身上得到的安全感。人若只回到类似原来受伤的心理情境中，并不见得能带来治愈。这就好像一个人在拳赛中被打败，若不经刻意的苦练就再度回去与对手交锋，仍要惨遭失败一样。离婚与再婚也是如此，如果不痛定思痛，了解自己婚姻失败的原因，重新学习如何自爱爱人，那么他第二次婚姻失败的概率，必定比第一次婚姻高。事实上，有许多统计显示，第二次婚姻的离婚率是比第一次婚姻高的。

疗愈内心的受伤小孩

一位女士饱受肥胖的困扰，她尝试了各种办法减肥，但收效甚微。她发现，每当她想跟一位男士确定恋爱关系时，

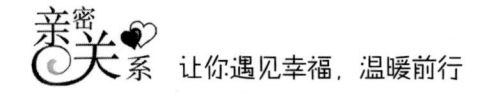

她的体重就会明显增加。她开始认真研究自己内心对于男人的潜在看法,之后她不得不承认,她对男人的评价一点儿也不比早年被父亲遗弃的母亲好。于是,她开始明白,内心的不安全感才是真正的原因。身体上增加的赘肉,是自我保护的一层铠甲,用来防止她陷入情网,以避免最终被男人抛弃的命运。

后来发生的事情,使她终于能够看清恋爱与肥胖之间的关系。由于工作的原因,她必须出差去埃及几个月。埃及男人更喜欢体态丰满甚至肥硕的女人。所以,当她从埃及回来继续咨询心理医生时,她发现在谈恋爱时她明显地消瘦了。她的身体再次为她筑起了自我保护的防线。她告诉咨询师:"不知道为什么就瘦了,我一点儿食欲都没有,完全不想吃东西……"当她认识到其中的心理原因后,又过了一段时间,她调整心态后,终于能向一个男人完全敞开心扉并接纳他。自然而然,她身上那层像铠甲般的忽胖忽瘦的赘肉也就消失了。

支着:我们常常错误地以为一段"理想爱情"能让自己变得完整。可理想的爱情其实永不存在,伴侣也不能弥补我们身上的不足。我们时常依赖对方,我们想要在对方那里得到认可。抽离了个人情感,我们觉得空虚和没有价值。我们将个人对生活的期望寄托到伴侣身上。但我们却没有看清自己。很多时候,我们会发现在期待的背后,其实站着一个等待被关注、等待沟通和等待被爱护的小孩。

内在的小孩是自己与这个业界的关系。如果业界与自己的关系亲近，则生活将是有活力，充满创意与能量的；若关系是疏离的，则容易感到对生活厌倦、无力及消极。

比方说，一个人的价值观是由父母、老师或社会所赋予的。那么，我们就会希望找到一个能满足这些渴望的人，而每当发觉他们无法满足自己，心内那个受伤的小孩就会感觉很受伤，开始制造问题。

那么我们有什么方法可以停止这种依赖性呢？首先安抚和认领这个内在的小孩，给予他空间、了解他，明白他的痛苦，明白内在小孩是我们的一部分，最重要的是完全的接纳他。渐渐地我们会懂得保持距离——那是冥想和觉醒的距离。这样，我们会让那个内在的小孩慢慢长大，当我们不再被那个小孩控制，我们便能得到心灵的解放。

好好地接受和面对问题，我们就不会再那么依赖身边所爱的人，从而获得一段更美好的关系。

婚姻危险期

小胡和小梦恋爱2年，结婚5年。小胡性格外向，恋爱时两人也彻夜长谈、无话不说。婚后，小梦生完孩子的第一

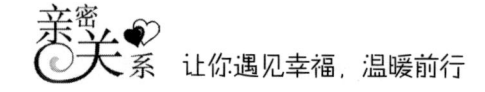

年，发现老公越来越不愿和自己沟通，有时一周两人说不上几句话。往往丈夫一开口就是指责小梦，不是说她能花钱，就是嫌她买的东西不实用，做事情不用脑子，似乎小梦做的一切都不能让他满意。

有时小梦遇到麻烦，想和老公诉诉苦，丈夫开口就是"你自己看着办，我没有意见"。平日里，只要一有空闲，丈夫总喜欢一个人外出，也不告诉妻子自己去了哪里。哪怕妻子把丈夫的电话打爆了，他都不会接，回来更是不会告诉小梦他去了哪里。

小胡的个性外向，没结婚之前还是蛮喜欢闲聊的。比如跟朋友侃大山，跟同事闲聊，亲戚朋友来家做客也能聊得很开心。在小梦看来，自己的丈夫上班和下班像变了一个人一样。面对这样的伴侣，当妻子的小梦几乎完全丧失了对这段婚姻继续下去的信心。她认为是婚姻遇到了第一个危险期，就是刚生完宝宝的这一年。

小梦觉得这样的婚姻生活继续下去实在是毫无意义，真的很想离婚。可是，一想到自己的年龄，一想到自己幼小的孩子，就又放弃了离婚的念头。

支着：婚姻是有危险期的。当面对不如意的婚姻，我们首先要做的事是放弃与对方发生战争，当然也不会奢求马上回归甜蜜，而是要彼此静下心来好好想一想，你的婚姻到底哪里出了问题。解决问题的钥匙最终是握在自己手中。沟通是解决婚姻问题

第六章 亲密是不委屈自己，不改变对方

的第一把钥匙，也是最重要的钥匙之一，沟通可以解决大多数婚姻问题。比如，妻子看丈夫心情好的时候，可以一起出去旅游，在家精心养育孩子的同时，也要兼顾关心辛苦挣钱的丈夫；同理，丈夫也要体会妻子生孩子带孩子失去朋友圈子的孤独和寂寞。有时候彼此不说话，不是没了感觉，而是各自守着自己的职责，一个全心全意地照顾孩子，一个在有了家庭压力下完全进入了工作，只有彼此认同、承认和欣赏对方为家的付出，才能度过危险期。婚姻就像一个魔盒，它改变着婚姻中的两个人，而这种改变倒不是婚姻本身起作用，恰恰是婚姻中夫妻都在改变自己，也就是说男人女人通过婚姻这根纽带有意或无意地在改变着自己，让自己更适合这个家。

该放手时就要果断放手

她是一个典型的家庭主妇，没什么文化，但是吃苦耐劳。

他们结婚10年，有两个孩子，因为丈夫常年在外打工，他们始终聚少离多。

因为这个原因，她经常跟自己的丈夫吵架。她经常骂他没本事，是自己瞎了眼才嫁给他这个穷鬼，过着守活寡的日子。

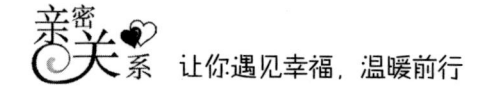

她说，刚开始他们很相爱的。只是后来生了孩子，他又不在家，婆婆也不怎么管她，她自己带孩子受了很多苦，遭了很多罪，还落下了很多的月子病，这才心里越来越不平衡。

她心里不平衡，觉得委屈，又不知道如何发泄，只好天天跟自己的丈夫吵架。其实，她说的都是气话，她只是一个人在家太孤单了，想要有个人注意到她。

她说，刚开始的时候，她的丈夫还能理解她。但时间一长，他就厌烦了。于是，每次打电话，他没说几句，就会挂断电话。

而她丈夫越是这样，她心里就越是气愤不平衡，于是继续打，直至最后，她的丈夫再也不接她的电话。

她又生气又伤心，于是，也不再给他打电话。即使他回来了，她也不想主动理他。其实，她特别想他，想要他哄哄她，安慰她一下。但是，丈夫一看她的冷脸，就失去了理她的兴趣。

他们就这样不冷不热地过了10年。这10年，随着孩子的成长，她的心情开始变得好了起来。

她开始想要修复与丈夫的婚姻。毕竟，他们曾经那么相爱过。他们当初在一起也是为了爱情。

但是，当她第一次主动去丈夫务工的地方找他的时候，她才发现，一切都太晚了。丈夫已经有了另外一个女人。

支着：婚姻中类似陈世美的男人很多，多数版本都是一个女人苦苦操持家务，拉扯孩子，最后换来男人的负心背叛。这固然是男人可被谴责之处，但类似的案例中，女人的过错也不少。女人往往任劳很多，却不任怨，自己明明付出很多却又把诸多的不甘心挂在嘴上，男人心底里那点本来想有的感激被抱怨得荡然无存。遇到这样的主人公，分开是最好的选择。男人一旦出轨，就像破镜不能重圆一个道理，即使重圆也会留下一道难看的疤痕。而受害的一方，也要痛定思痛，是自己这么多年倾心付出遭遇了白眼狼，还是本就付出的心不甘情不愿，所以对方才领受得那么心甘情愿又不领情。

拔掉"家暴"这根毒刺

小青嫁给大强8年，其间被家暴了7年，唯一的1年没有被丈夫打是新婚的第1年，丈夫还算对其有爱。而之后随着怀了孩子，又生下一个女娃娃，重男轻女的丈夫开始对妻子动起手来。最初只是轻推脚踹，随着小青的不断隐忍，大强变本加厉，不但动不动就扇耳光，有时还动了刀子。小青也试着摆脱这个婚姻，第一次有了这样的想法，心里抱着丈夫一定会变好的希望，选择了忍一下。第二次有了离婚的想法，看到年幼的女儿，继续忍了。直到第8年，又怀了二胎。在肚子里孩子8个月的时候，B超查出又是女孩，丈夫竟然强行要让妻子引产，小青不忍心伤害孩子选择拒绝，结果被丈夫大打出手，打得孩子流产，直到这个时候，她的家人才知道8年来她一直过着非人的生活，被家暴是常态。

多少次的隐忍，换来的是丈夫当着孩子的面肆无忌惮地打骂侮辱。然后，他打累了，扬长而去，留下她和孩子抱头痛哭。小青想结束这种生活，想要摆脱这种恐惧。可是，一想到孩子是无辜的，不能让孩子在一个不健全的家庭中成长，孩子必须拥有完整的父爱和母爱。于是，为了孩子，小青选择了忍耐。

可是，她从来没有想过，这样完整的家还是家吗？一个身心受折磨的妈妈，内心还能生发更多的爱和温暖给孩子吗？恰恰是让孩子变成了一次次家暴的目击证人。

支着：家暴在我看来，一定是扎在婚姻中的一根毒刺，必须剔除。而家暴的受害方往往从最初的隐患，到后来被恐吓而不敢再敢维护自己的权益，才能助长家暴恶焰一次比一次更猛烈。作为一个独立的个体，不论男女，都不是谁的私人财产，都有着完全独立的思想自由和行为自由。婚姻不是一个女人的终极目标和最终结局，所谓的宿命论，都是扯淡，每个人都绝对有重新选择幸福的权利和自由。同时，对于家暴来说，是像鸦片一样会上瘾，在他第一次抬起拳头的时候，就要旗帜鲜明地说不，不要急于缓和，急于原谅。其次，绝对不要让孩子在家暴环境下成长，

第六章 亲密是不委屈自己，不改变对方

你永远无法想象也无法计算一个目睹家庭暴力的孩子的心理阴影会有多大。家暴就像一根毒刺，越拖越严重，如果不及时拔出，受伤的终是自己。

在爱情中扮演什么角色

小明和小苑相爱一年了，感情没有渐渐升温反而有些骤然降温，起因是，小苑觉得自己的男朋友小明不像男友，更像是爸爸。比如，不让女友穿裙子，不管长短都不让穿。还说是为了她好，怕她着凉。同时无论是见朋友还是见客户，小明都不希望小苑化妆。说是化妆了反而不好看，再说女孩子化妆对皮肤不好。最让小苑受不了的，无论她跟闺密还是同事出去，只要超过1个小时，小明就会不断地给她打电话，而且还不断提示不要去危险的酒吧，不要见什么陌生人，等等。小苑非常苦恼，觉得自己的男朋友对自己的管束就是一个爸爸管着青春期的女儿，而不像是谈恋爱。而小明也有话说，他认为这样都是因为自己实在是太爱她了，想要保护她，怕她遇到麻烦或危险，也怕她一个小姑娘吃亏。

两人在一起的时候也有很多麻烦，小苑比较爱迟到，小明不满她的时间观念；小苑一般不做饭，偶尔做一次小明还嫌太难吃。

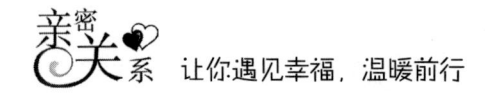

谈到未来，小明希望小苑能收收心，将来结婚了，安心地做全职太太，在家带孩子做家务，而小苑则想着未来能有自己的一点儿事做，不当家庭主妇。矛盾越来越大，原本卿卿我我的关系，最后闹得快要分道扬镳了。

支着：恋爱中的双方，如果一方口口声声总说为对方好，那么就像一个妈妈在指责了孩子、打骂了孩子还说一切都是为了你好是一个道理。其实，是在用自己以为的"好"包装了自己的自私。管人这件事情是有可能给对方压力的。女人在找男朋友的时候，都想要找一个可靠的、宠爱她们的人，可没有一个女生愿意找一个严厉管教她们而且又不给表扬的人。而且，在恋爱中，一旦男人太像爹，女人太像妈，则两人之间就不像恋人关系，像支配和服从的关系，而支配的那个人往往以我是为了你好来控制和否定她。如果只有一方听从另外一方的，那这就不叫恋爱了。恋人之间的责任是让对方变得更好，让她舒服而不是让自己舒服。真正为恋人好、为对方好的实质行为是压抑自己的自私，让自己难受让对方舒服，这叫付出，双方只有都明白了什么是付出的真谛，都能让对方舒服，这才是一桩美好的爱情。

第六章 亲密是不委屈自己，不改变对方

"妈宝男"该如何破

小崔越来越不满意自己的男朋友，眼瞅着就要结婚，而男朋友凡事都要听他母亲的。小到每天吃什么饭都要和他母亲报备，一天最少要给妈妈打不下5个电话。无论是吃个什么饭，还是剪个什么发型，都要拍个小视频给母亲发微信。更让小崔不能理解的是，有一次她陪着自己的男朋友去剪了一个像自己偶像的发型，结果发给母亲一看，他母亲立刻就生气了，说这叫什么发型，实在是太丑了。于是，男朋友非常听他母亲的话，立刻返回理发店，让理发师把新发型修成了他母亲喜欢的小平头。当时小崔和理发师都哭笑不得。就连平时买衣服，她男朋友大部分的意见都要参考他母亲，明明小崔看他穿米黄色的衬衫特别衬肤色，可是他母亲说难看，他立刻换成了他母亲喜欢的藏蓝色。小崔越来越苦闷，即使在他俩住的小屋里，装修上面男朋友也是十分听从他母亲的意见。

比如，小崔喜欢一套田园风的沙发套，结果好事的男朋友又给他妈妈发了过去，结果他妈妈1个小时之内赶过来，全给替换成了格子布。

小崔感觉格子布一点儿也比不上自己相中的那个小碎花

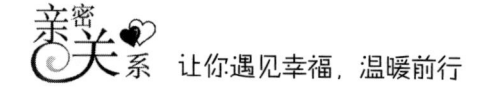

的田园风纯棉布料，无奈男朋友完全听他母亲的，让小崔都快崩溃。

最让小崔不能忍受的是，就连自己的工作男朋友也要告诉他母亲，自己是个做礼仪的，平日遇到兼职就会穿上一些比较时尚的服装去做活动。但在男友母亲的眼里，穿着开衩的旗袍或者短裙有伤风化。总之，各种的不和谐，让小崔快要撑不下去。但男朋友并没有发现自己的问题，还用一句话堵她，"不听妈妈话的儿子不是好儿子"。

支着：无论是恋爱还是婚姻，婆媳或准婆媳之间的关系最难搞。能不能很好的平衡两个女人之间的关系，责任全在中间这个男人身上。所以，才有了男人是婚姻中"双面胶"这一层含义。做得好，三人越黏合越牢，做不好就被两面撕扯得越来越痛。

其实，男人越强调自己的妈，把妈放在第一位，对于女朋友来说，心里越有气，越不会把未来的婆婆放在第一位。因为，在女孩眼里，男朋友把妈妈的地位已经抬得那么高，在无形中就已经树起她和婆婆之间的障碍。

男人如果精神上不断奶，时时事事处处要依赖于母亲，那么就是不能承担。一个不能承担的男人，会造成一个后果，两个女人累得要死在拉锯，一个男人在中间闲得要死长不大。

如果一个男人真正地希望婆媳之间处得好，希望自己有独立的彼此生活，希望自己能够像个男人一样做好丈夫、儿子和父亲的角色，就不要让两个女人总操心自己的那些事儿。即便心里要说"妈妈是对的",在心里说,别在嘴上说,这也算是一种成长了。即使很多时候需要妈妈来参照,也要分个轻重缓急,不然,精神上不断奶是永远担不起责任来的。

爱是衡量心与心之间的距离

丈夫小孟是个主持人,平时他还兼职做婚礼主持,他一个人忙得很少回家,可是越来越看不惯妻子,说她从结婚到当了妈妈,非常的幼稚,一点儿成长都没有,说自己工作忙到一个头两个大,而妻子却一味地追求浪漫,不顾家。而且在和他吵架的时候还把他手机里的联系人全部删除了。

而妻子佑佑也有话说,她不希望自己的丈夫干那个婚礼主持,因为有了这份副业,丈夫基本就不爱回家了,不是回的晚就是加班,回到家捧个手机,和他说话,不是嗯哦,就是沉默。孩子也不帮着看,家务一点儿也不插手,就连生孩子这么大的事儿,丈夫因为加班工作都没有来陪产。妻子一直对此耿耿于怀。

丈夫小孟说了,妻子在家是干了点家务,但也太粗心大意了。碗碟洗不干净,衣服从洗衣机里拿出来,皱皱巴巴就晾在了晾台上,平时回家满地都是孩子的玩具,卫生间厨房都是脏乱差,家不像个家,他宁愿加班也不想回家。自从妻

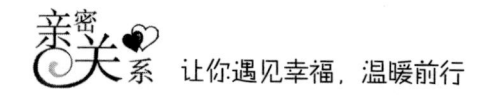

子生了孩子,一心扑在孩子身上,平时连想亲亲抱抱的机会都不给。说妻子没有照顾一个男人的感受。妻子说男人因为总是很晚回家,导致孩子都跟他不亲,因为很少在醒来的时候见到他,回来也不跟孩子主动玩耍。对手机比对孩子和老婆亲。男人说,我在外面挣钱还不是为了这个家,我不能既当经济支柱又当一个家庭妇男吧?

就这样,夫妻俩各说各有理,吵得不可开交。

支着:夫妻之间各说各话的时候,往往都觉得自己有理。自己为一个家奉献得多。其实,一个家里,物质和精神是缺一不可的。物质是家庭能正常运转的前提,但仅仅需要物质就够了吗?显然不够,更多的需要是精神,需要心与心的距离。男人如果口口声声地说为了家,为了挣钱,有了时间他就会放下手机,陪孩子、陪家人,只要有心,就可以兼顾工作更能兼顾家,有这份心的话,一切都是没有问题的,如果没这份心,就有了借口。男人是经济支柱没错,但作为丈夫的角色也要扮演。站在女方的角度来看,她有两个价值,一个显性的价值,首先她也要工作,她有社会责任,而隐性价值就是在家女性还要做家务,要带孩子。而这两种价值中,男人往往认可的是显性价值,觉得女人一旦没有收入,后面隐性价值就不是价值,或者是会忽略这种价值。

在我们国家,男主外是件很光荣的事情,女主内是没什么了不起的事情,这是很多男人根深蒂固的想法,男生还总是这样说"别的女人不也是这样过的吗",但当这种情况反过来,让男人在家带孩子，女人可以出去工作的时候他就完全不这样想了，所以说不要义正词严、理直气壮地说是为了家庭，其实至少有一半他是为了自己的兴趣爱好。

大男子主义 VS 公主病

妻子：我和他结婚3年了，结婚前我和他都是好好的，可是结婚后我越来越发现他的大男子主义非常严重，而且他根本就不尊重我的意见。

丈夫：我老婆说我大男子主义，我觉得我没有这方面的问题，相反我觉得我老婆在一些很小的事情上管得都非常的紧，是她有很严重的公主病才对。我不知道我哪一点做错了让他对我意见那么大，这样生活下去我不知道自己还能撑多久。

妻子：为什么我说他是大男子主义，把家里的钱借出去都不跟我商量一下。家里只有不到5万的现金，他的朋友有急用，都没有跟我说，就直接拿给他朋友，而且他朋友还没有打欠条。

丈夫：谁还没有几个好朋友，求急的时候如果不帮忙还能是朋友吗？

妻子：到现在已经过去3年了，还是没有还，他都不好意

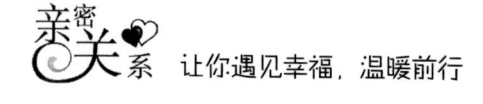

思去催。家里的钱，又不是他一个人的。这就算了，他还经常跟他的那帮朋友出去喝酒，醉了之后就回来闹。还有他爱玩游戏，手机游戏，还花钱在游戏上买装备。

丈夫：每天工作很辛苦，找点娱乐活动也不为过吧。她还不是照样花钱，化妆品成套购买，一套没用完又买一套。她也有很多问题，每天上班我很辛苦的，下班回到家还得买菜做饭，做好饭还得听她埋怨，说我做的饭难吃。

妻子：本来就是嘛，你做菜都3年了，都不改进一下，菜烧得又油又咸。在我妈家的时候，母亲每天都能换花样做给我吃。

丈夫：她说我在家里面大男子主义，这个我不同意，我反而觉得我在家里没有地位。举个例子，在家里那个衣柜，全是她的衣服，没有一件是我的，我的衣服都放在我爸妈那里。

妻子：那很正常，女人嘛本来就衣服多，没地方放。女孩子每天要变花样的嘛，总归得添点儿新衣服。你爸妈那里反正你随便进出也无所谓，你就放在那里无所谓，我自己的衣服都没有地方放了。

丈夫：每天晚上到家，她老说我玩游戏，我不玩游戏我能干吗呢。她爱看电视，她看的那些韩剧什么的，我也不爱看，她非要我陪她看我也看不进。吃完饭收拾好，休息的时间就这么点儿，我看不进只能玩游戏，她非要拉着我一起看，那我不看怎么办。

第六章 亲密是不委屈自己，不改变对方

妻子：我闺密的男朋友他们都陪她一起看韩剧的，男朋友能做的为什么老公不能做，为什么结婚前跟结婚后不一样，为什么结婚前都听我的，结婚后都不听我的。而且人家还带着女朋友去蹦极呀，蹦下去还要喊我最爱我老婆呀。你怎么做不到呢？

丈夫：我知道，你闺密的男朋友不是老公，这结了婚跟结婚之前不一样。这样子，你等你那些闺密结好婚了，她们男朋友都变老公了，他们还能这样子，你再来跟我说。你说我不陪你看电视，那我让你陪我玩游戏你同意吗？你也看不上我做的事，我喜欢看军事频道，可是你每次都霸着遥控器，就是不让我看。不让我看电视，又不让我玩游戏，你说让我怎么办？

支着：丈夫和妻子之间在爱好和习惯方面，很容易出现差异，这个时候涉及各自成长的原生家庭就会有很多不一样的地方。比如，女方在妈妈家一定是过着公主的生活，那么走进婚姻，她也会认为，丈夫也应该是那种呵护备至的。生活就是柴米油盐，男人要爱一个女人，也要生活，如果女的总是高高在上没有和他一起过日子，还在享受恋爱中的感觉，说明就是在当公主。一个女孩，在妈妈家可以是公主，但走进婚姻，就要俯下身来，落到凡间，在男人身旁一起来体验生活当中的酸甜苦辣。放下身段踏踏实实的生活。

如果一个男人在婚姻生活中承担全部的家务。虽然说都是

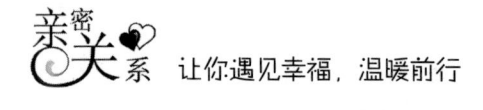

一些琐碎的事情，但能耐心、踏实、甘愿从小事做起，已经展现了男人的一面和深爱妻子的一面。而身为妻子，看不到丈夫的付出。觉得他做什么都理所应当，而且还不断挑三拣四，嫌弃他做饭不好吃，不陪自己看韩剧，连放衣服的衣橱都不留给丈夫，实在是有些过分。

如果一个妻子不把丈夫对家庭的奉献当回事，享福有享到头的那一天。当要求一个男人要奉献什么的时候，一定要看看自己在家庭中，有没有什么奉献，又有什么资格发脾气呢？要多看看他的付出，心疼他的付出。

让孩子听你的，还是你听孩子的？

在学员中，经常听到他们问："怎么才能让小孩听话？"由此可见，对于我们中国的父母，骨子里生出来的家长权威，总想让孩子听话，服从。等孩子在家长的权威下学会了唯命是从，就会变得没有自我，没有主见。到了学校，如果老师依然让孩子做"听话的学生"，那么，将来走上社会的孩子敢不听老板的吗？敢特立独行吗？敢有自己的不同言论和主见吗？

所以，我们家长要学一种智慧，究竟让孩子听你的还是你听孩子的。我们看一个故事，看一位上海某学校校长是如

第六章 亲密是不委屈自己，不改变对方

何听孩子话的。

她说：因为没有老人可以帮忙带孩子，我女儿很小就进了幼儿园。到大班毕业时，本来按照年龄她还应该再读1年幼儿园，但是她不同意，一定要和小朋友们一起去上小学。

我没有武断地拒绝女儿，而是在公司请了3天事假，带着不到5岁的她到小学去旁听了3天的课，然后让她自己判断是否可以上小学。

这3天里，我旁听了女儿的每一节课，把小学生的生活都过了一遍。3天后，女儿很坚定地说：我要上小学！

我就尊重女儿的意愿，让她上了小学。

小学一年级第一个学期她是学得最好的，因为这个机会是她争取来的，是她自己的选择。这样，在不到5岁的时候，她就学会了独自判断和为自己的选择负责。

升初中时，我仍旧让女儿自己选择，是去民办学校还是对口的公立学校。她到公立学校听了一次课之后说："我喜欢这个学校。"我说，好，喜欢就好。

从女儿4岁到今天，我一直坚持一句话：我尊重你的选择。

当父母和孩子发生争执，最后要么家长听孩子的，要么孩子听家长的。当孩子什么都听你家长的时候，那就出问题了。孩子会觉得，我的人生是你帮我决定的，那你就替我走就好了。

人们总是说孩子"开窍"了就会学习了，其实，几乎每

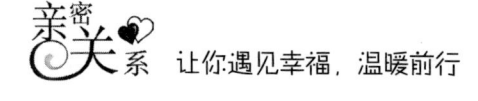

个人在学习期间都有一个发现自己的过程。这个过程包括两个内容：先是发现了自己到底想要什么，然后才是发现自己的能力。

一旦进入这种状态，孩子就会感受到一种前所未有的力量从心底涌出，那情形就是他可以支配自己的人生了，就是很多人说的"开窍了"。

尊重孩子的选择，也要让孩子学会为自己的选择负责。

女儿读初中时，我带她到上海很多高中去转了一圈，让她看看希望将来进哪个学校。最后她说："妈妈，我要考上海中学，因为上海中学的校园最漂亮。"

因为这个目标，初中最后一年，她的学习成绩突飞猛进，我从未催促她学习。但我个人判断要考上海中学还是有点危险。中考填报志愿时，我建议她填报上师大附中，但女儿坚决要报上海中学，我尊重了她的意愿。

中考成绩揭晓，她因为两分之差与上海中学失之交臂。

虽然她最终也进入了心仪的曹杨二中，但心里仍有些遗憾："如果当时志愿不填上海中学，什么学校进不去啊！"这时，我告诉她："孩子，那是你自己的选择。"

我觉得人生不可能永远做对的事情，但只要是自己的选择并且是经过思考的选择，就没有什么可后悔的。

就像开车在高速公路上选择了一个岔口，就只能按照这个方向走下去。哪怕就是错了，也只能在下个出口再做调整。即便孩子的选择最后是走了弯路，甚至是走了回头路，也不一定就是坏事，毕竟多了一份人生经历，多了一次对选择的认识。

后来女儿进大学选专业、出国读研都是自己做决定，自己去作出选择。

我也曾经担心她的一些选择。比如毕业后她曾想进入传媒行业，我知道传媒业非常辛苦，但收入和社会认同度都不高。我和她沟通了好几次，但她态度坚决。最后我也接受了，于是和她一起设定了未来的职业路线图。

后来，女儿自己到传媒公司实习了一段时间之后改变了主意。我也尊重她，并继续积极和她一起调整、设计新的职业路线。

支着：我们每个父母都应该学习这位妈妈，在与孩子相处中去听听孩子的话，支持孩子自己做主。当孩子逐渐长大时，父母可以给孩子适当的建议，让他自己拿主意。比如，孩子晚上不肯上床睡觉时，父母可以对他说："宝宝，我相信你一定能管好自己的。因为你明天早上7点要起床，所以，你自己会在晚上9点前上床睡觉，我相信你会管理好自己的时间。"

当然，由于孩子对许多事情的认识并不全面，所以，父母在支持孩子自己做主的同时，也要给予适当的指导。比如，父母可以如此问他："你想要先听故事呢，还是先换上睡衣？"这样的提问，不仅能让孩子觉得自己的确享有主导权，更加能够保障他的生活不会混乱。

家长必须具备的成长思维

如果问父母一个问题，需要教育的是孩子还是父母？我相信大部分父母都会陷入沉思。其实，在我看来，孩子的到来是来度化父母，让父母再成长一遍的。所以，作为父母必须具备几个成长思维。

思维一：我是有学历的成功人士，我不一定能教育好孩子。

具有大学学历的人很多，但提及他们如何教育自己的孩子，可能都会说出一套理论和个人的方法。很少有人会停下来思考，我究竟会不会教育自己的孩子。我们生长在华夏大地，我们的血液里也遗传了先辈对教育的认识，这就是教育基因的惯性。由于教育基因有惯性遗传，每个家长几乎不需要有任何认真考虑就可以立即拿出父辈的教育方法和教育态度。从而一生只做孩子教育的执行者，而很少做孩子教育的思考者。你对孩子的教育中总能找到你父母对你的教育影子，总能找到你周围人对孩子教育的影子，这是一个国家、一个民族的教育状况在整体上总难跳出相同相似的大圈子。因此，为人父母不管你是什么学历，都不可太自信地直截了当地对孩子进行不假思索的教育，而要耐心地从头学习和研究你孩子的个性化的教育问题，要思考如何摆脱自己对教育的片面认识和不自觉继承而实现"教育突围"。

思维二：孩子是有独立思想的，他只属于他自己。

如果孩子是一棵树，而你的教育是让他长成了草，你就是侵犯了孩子的成长权。且不要以为为人父母给孩子足够的衣食你就完成任务了，如果不了解自己的孩子，用盲目的、不合适的教育方式干扰或践踏了孩子的成长权，这是为人父母最大的失职。每一个孩子都是一粒神奇的种子，人类之所以从远古社会走到今天的文明时代就是因为"少数"的人类的种子得到发芽成长，成长为划时代的精英，人类才带领着其他人一起走到了今天。可为什么只有少数种子才能发芽？如何让种子发芽并长成参天大树而避免被平庸的教育抑制和耗费掉呢？这是天下每个孩子的父母都应该思考的问题。

思维三：我们虽然是父母，真正"懂"孩子吗？

很多家长自信地说，孩子是我生养的，我是这个世界上最了解他的人。而事实真的是这样吗？不了解自己孩子的家长比比皆是。有的"全职"家长整天和孩子在一起，其实他们完全是孩子面前的陌生人。懂孩子是有一定难度的，他需要你用心地去和孩子沟通，你没看很多人都养宠物吗？可养起来大不一样，有的人可以达到和自己家的宠物"对话"的程度，有的人就是在养一个活物。懂孩子也和懂宠物一样，需要你用心观察思考才能懂。

思维四：我们有没有忽视孩子呢？

很多父母很忙，忙着赚钱忙着工作，把孩子托付给老人，甚至让孩子在农村变成留守儿童，还美其名曰这是为了孩子好，为了给他更好的未来，其实这就是一种忽视。忽视孩子成长不可

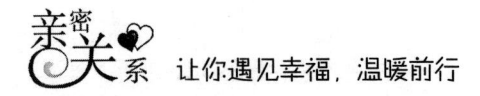

逆，忽视陪伴的重要性，忽视自己的责任。如果能意识到对于孩子的忽视，则父母就具备了成长的思维。

当然，父母成长的思维还有很多。如果我们能做到以上四点，在亲子教育上已经迈出了很大的一步。